古籍原来这么好看

熊建 著

人民日报出版社
·北京·

自序

今天我们为什么要读古籍

《淮南子》里讲过一个故事,说齐桓公在堂上看书,有位叫轮扁的工匠在堂下制作车轮。

轮扁把手里的工具一扔,问齐桓公:您看什么书呢?

齐桓公说:圣人的书。

轮扁说:圣人还在吗?

齐桓公说:死了。

轮扁说:那您看的是圣人的糟粕。

齐桓公怒了:寡人读书,你一个工匠怎敢讥笑我?有理由还行,没理由就杀了你。

轮扁说:有啊。以砍削车轮为例,动作太快或太慢都不行。只有做到不缓不急,才能得心应手。但是如何达到这样的程度,我没办法用言语传授给我儿子,所以我儿子无法学到这套本领。因此我70岁了,还得自己动手造车。古籍也是同样的道理——古人那些只可意会、不可言传的知识精华已经随着他们的死而消失了。您今天读的,只能是糟粕了。

对于这种"古籍皆糟粕"的观点,民国学者胡怀琛不同意。他说,就算中国古籍等于牛粪,牛粪也有牛粪的用处,不但和香水的用处相等，甚至从某些方面，如化学上看，还远超香水，就看我们怎样去利用。

话糙理不糙。古籍的利用之道很多，若从今天的中文学习角度来看，古籍之用突出表现在对汉语言的理解上。

今人读古籍，最大的障碍莫过于不懂古代汉语，古代汉语也就是文言。虽然难懂，但那是现代汉语的前身，只研究今天的汉语，是割裂了它的历史性。一个字的历史演变、一个词的意义播迁，只有放在历史长河中才能深切领悟。

比如，今天的"武"字，不少人误解为"止戈为武"，但在小篆里，武字的本义是扛着兵戈去打仗，古今意思可谓南辕北辙。

又如，今天的"妻子"一词只指男性的配偶，古时是指妻子和儿女。不知道的话，《桃花源记》中"率妻子邑人来此绝境"就会理解错。

再如，古汉语的措辞一般都很精练，我们今天常用的自相矛盾、刻舟求剑、守株待兔等成语，在古籍里传播了千年之久。古人行文的逻辑也富有特色，如未曾说理先讲故事，这就深谙传播规律和说服技巧。"问渠那得清如许，为有源头活水来。"古籍就是现代汉语表达的源头活水，若能把各历史时期的古籍元典读明白了，中文的阅读水平、表达能力肯定就上去了。

这还只是应用层面，读古籍的更深远意义在于体察领悟中华文化的深刻内涵。统计显示，传世古籍有5000余万册（件）、20

余万种。中华文化的根就深深地扎在其中,没有古籍,就没有中华文化的基础。

一代代中国士人写书、校书、读书、教书,把历史上的事件记录下来,把对世界的观察总结下来,把对生命的感悟铭刻下来。可以说,古籍中蕴藏着过去几千年中国人集体智慧的结晶。

历经战乱、浩劫,古籍不断地散失,又不断地聚拢。《四库全书》完成后,有三个副本保存在江南。后因为战火,三个副本全部毁散。但江南士人坚忍不拔,自发筹钱抢救,四处抄写补苴,硬生生抄回一整部《四库全书》。后人用"江南三阁,文澜独存"来概括这件书林盛事,其所反映的,正是中国人对书籍、对知识、对文化的无上推崇。

大浪淘沙后,经典永流传。中华古籍带着历史的厚重一路走来,表现出最深厚的文化软实力。无论从记载其上的文字,还是从印烙其中的精神,都能读出中华民族的历史传统和文化积淀,从中可以充分汲取中华民族生生不息、发展壮大的丰厚滋养。为什么要读古籍,不是很清楚了吗?

本书内所收文章,大体分两部分,前18篇为古籍通例,介绍古籍的一般性规律,后35篇为具体书籍的介绍。

对这些书籍,本书按照经、史、子、集的传统分类法进行分类,但不完全拘泥于旧法。比如,《论语》属于"十三经"之一,按古代观念,应该在经部。但在现代学术观点下,《论语》妥妥地属于子部，而且与其他各家都有密切联系。因此，本书把《论语》纳入子部介绍。

又如，史部介绍二十四史时，只介绍前四史。因为按照学界共识，前四史成就更高，往后的正史就乏善可陈，没必要多做介绍。

集部书只介绍5部，皆因古代书籍的精华重镇，是在经史子三部，集部文章按照个人兴趣选看便是。

最后要说明的是，介绍的目的是引起读者对阅读古籍的兴趣，因此对古籍通例的说明也好，对具体书籍的介绍也罢，既不全面，也不深刻，可谓"攻其一点，不及其余"，并不能反映古籍的全貌。诸君若能亲身入古籍宝山，经过一番攀登求索，找到自己的读书路径，不空手而回，本书的目的就达成了。

希望这本小书能成为一个美好的开始，最终带来美好的收获。以此共勉。

目录

序——今天我们为什么要读古籍

内篇（古籍通例）

找好敲门砖　　了解古人心　　古籍有陷阱

韦小宝怎么学绝世武功？　　002
　　找好敲门砖（上）　查目录

晋国三头猪过河去干啥？　　006
　　找好敲门砖（中）　明校勘

神医开药为啥要加块锡？　　010
　　找好敲门砖（下）　看版本

写书不署自己名，到底图什么？　　014
　　了解古人心（上）　喜欢蹭流量

古人为什么没有标题党？　　018
　　了解古人心（中）　书名太随意

武王伐纣后将妲己赐予弟弟？　　022
　　了解古人心（下）　太爱编故事

在东汉庄子为啥改姓严？　　026
　　古籍有陷阱（上）　好多讳得避

学者作伪为哪般　　030
　　古籍有陷阱（中）　好多伪得辨

给古籍用上黑玉断续膏　　034
　　古籍有陷阱（下）　好多佚得辑

| 看中国古籍为啥老点头？ | 038 |
| 书于竹帛（上）写在哪里 | |

刀笔吏就是以刀作笔吗？ 042
书于竹帛（中）用什么写

藏在竹简和缣帛中的秘密 045
书于竹帛（下）篇卷有别

为什么要想象？想虎想马不行吗？ 049
走近古文字（上）形的演变

穿越到唐朝，谁去最合适？ 052
走近古文字（中）音的定准

止戈为武到底错在哪里？ 055
走近古文字（下）义的播迁

古籍也碰瓷儿 059
非必读古籍（上）纬书

黄帝懂按摩吗？ 062
非必读古籍（中）方术

唐开国靠的是祥瑞吗？ 066
非必读古籍（下）杂书

外篇（子曰诗云）

经学源流

史籍浩瀚

《说文解字》教洗脸   072
经学源流（一）

一套十三经，半壁四库书   076
经学源流（二）

讲述咱老百姓自己的爱情故事   080
经学源流（三）

腮帮子也能算卦   084
经学源流（四）

一宗跨越千年的疑案   089
经学源流（五）

礼多人不怪   094
经学源流（六）

无左传，不春秋   099
经学源流（七）

春秋三传，公谷添乱   104
经学源流（八）

百善孝为先   109
经学源流（九）

二十四史从何说起 史籍浩荡（三）	125
司马迁是个"好记者" 史籍浩荡（四）	129
司马迁是个"好编辑" 史籍浩荡（五）	134
班固要谢的人太多 史籍浩荡（六）	138
范晔的自信从何而来 史籍浩荡（七）	142
是古代词典，也是吃货指南 经学源流（十）	113
主角的戏让配角抢了 史籍浩荡（八）	146
揭开古史神秘面纱 史籍浩荡（一）	117
凭借智慧猎取富贵 史籍浩荡（二）	121

外篇（子曰诗云）

经学源流　　史籍浩荡

| 团队修史与独自注解 | 150 |
| 史籍浩荡（九） | |

| 刘知几前无史学 | 154 |
| 史籍浩荡（十） | |

| "子曰"的前世今生 | 158 |
| 子书纷纭（一） | |

| 儒家第一个反对派 | 162 |
| 子书纷纭（二） | |

| 假如孟子参加辩论赛 | 167 |
| 子书纷纭（三） | |

| 爸爸是婆娘？ | 172 |
| 子书纷纭（四） | |

| 模糊的作者迷糊的道 | 176 |
| 子书纷纭（五） | |

| 遭逢乱世，活着就好 | 180 |
| 子书纷纭（六） | |

| 弱国出了强权思想 | 185 |
| 子书纷纭（七） | |

在山的那边海的那边 集部琳琅（一）	204
来自第一位诗人的忧愁 集部琳琅（二）	209
是妖孽还是文宗？ 集部琳琅（三）	214
小文章有大乾坤 集部琳琅（四）	219
进击的乡村教师 集部琳琅（五）	224
别把孙子读窄了 子书纷纭（八）	189
孔子说的就都对吗？ 子书纷纭（九）	194
"微博"里的魏晋风流 子书纷纭（十）	199
跋 两千年来谁荐书	228

找好敲门砖

古籍有陷阱

了解古人心

内篇（古籍通例）

走近古文字

书于竹帛

非必读古籍

韦小宝怎么学绝世武功?

找好敲门砖(上) 查目录

电影《鹿鼎记》里,天地会总舵主陈近南派韦小宝去清宫卧底,临行前给韦小宝一本书,让他临阵磨枪练绝世武功。韦小宝拿着书说:这么厚一本要看个把月喔。

陈近南说:这只是绝世武功的目录,那才是绝世武功的秘籍。说罢,镜头给到一大堆书。

抛开这一幕的搞笑含义,从古籍入门角度看,倒是凸显出目录的杠杆作用——一本目录在手,古籍江山我有。

那么多古籍,存世的有20万种,看啥成了问题。清末重臣张之洞说过,好目录能让初学的人容易买到合适的书,不至于迷惑。

古人所说的目录,跟今天我们看的书的目录不一样。古代目录属于专著——把读过的、收藏的书的梗概大意写下来,品评价值,写成内容提要,并加以分类,集纳而成。

粗泛地讲,古代目录就像今天电影的预告片,把一本书、一类书的精华加以提炼,不让肉埋在饭里,好让寻找这类书的读者一望即知。

宋代就有两位"预告片制作大咖":晁公武和陈振孙。他俩的共同之处，首先是藏书多、读书多。晁公武家里藏书二万四千多卷，西汉国家图书馆藏书才一万多卷；陈振孙藏书更是冠甲江南，多达五万卷。

晁公武的"预告片"叫《郡斋读书志》，是我国现存最早的解题式私家目录，通常只用一二十字至百余字，就能简明扼要地揭示一部书的大致内容。比如，名字怪怪的《八五经》是本什么样的书？晁公武解释了，"八五"就是八卦、五行，这是本相墓的书。喜欢研究风水的就可以挑来看了。

市面上的书鱼龙混杂，真伪难辨。读者最怕买到假冒伪劣产品。晁公武、陈振孙的意见就颇有代读者选书的作用了。比如，晁公武说《春秋会义》这本书，虽然内容跟孔圣人说的不太一致，但是作为读者，能多吸收一些不同的意见也是好的，能收到扩大视野的效果，这也可以说是孔圣人的意思吧。既指出不足，又点明可观处，有助于读者取舍。

陈振孙的"预告片"叫《直斋书录解题》，其中评《韩文公历官记》，直言太简单粗略了，里面的史事错得很离谱。有了这样的评价，我们对这本书后来的亡佚，也就不用惋惜了。

古今中外都有不良书商，假托名家攒些不着四六的书骗钱。晁公武对这样的书毫不客气：《冷斋夜话》，拼凑的；《天机子》，冒充是诸葛亮写的；《绎圣传》，解释经典不通顺；等等。

当然，对于真正有价值的书，他们也不吝赞誉。晁公武评

《潜夫论》作者王符，此人很耿介，不流于俗，所以仕途不顺，隐居著书，品评朝政。推荐之意，溢于言表。

这是私人目录，官方目录中的佼佼者自然是《四库全书总目提要》了，对哲学、历史、文学等上万种文化典籍进行了中肯品评，内容涉及作者简介、历代著录情况、成书过程、内容评述、价值评判、常见版本等。想遨游古籍书海，离不开这座巨型灯塔。

一部书的出现，一种学说的产生，都有相应的时代背景和授受源流。同性质的书籍，为什么内容不同？不同性质的学说，又有哪些派别？都可以借助目录搞清楚。

北宋时当过宰相的苏颂，有一次去拜访目录学家王洙，两人谈论政事，王洙的儿子王钦臣在一旁陪着。聊着聊着，需要查一件事的出处，王洙就让王钦臣去查书，并指着儿子对苏颂说：此儿有目录之学。王洙、王钦臣父子学问淹博，无所不通，就是因为精通目录学，知道什么学问在什么地方，随时可以调取。

凡是熟悉目录的人，翻书是比较容易的，对于学术流变是比较清楚的，在阅读过程中，自然方便不少。清代目录学者章学诚嗜书如饭，他的名言是"善吃饭者长精神，不善吃者生疾病"，怎么算善于吃饭？那就要看是不是善于利用目录了。他用"辨章学术，考镜源流"八个字说尽了目录学的一生。

这八个字怎么理解呢？《红楼梦》里王熙凤说得好：孩子们

已长得这么大了,"没吃过猪肉,也看见过猪跑"。就算没时间看原书,翻翻目录也是好的呀。

小贴士

目录一词,出自《汉书·叙传》里的"刘向司籍,九流以别;爰著目录,略序洪烈"。目录一词,一开始就和西汉刘向的校书工作联系在一起。当年刘向奉旨整理国家藏书,每整理完一本,就写成一篇介绍该书内容的总结性文章,一方面"条其篇目"——把某书的篇目理顺,另一方面"撮其指意"——把某书的大意记录下来。目录一词就此流传开来。后来,清代乾嘉学者发现,要了解学术源流,就得把有关书籍的性质、流别、分类搞清楚,"目录学"就此出现。可参看姚名达《中国目录学史》、余嘉锡《目录学发微》、高路明《古籍目录与中国古代学术研究》。

晋国三头猪过河去干啥?

找好敲门砖(中) 明校勘

在印刷术发明之前,古籍都是靠抄写传播的。人工抄写,再仔细的人也会出错。因此,对于古籍中一些说法,不能轻信。

《吕氏春秋》里记有这么一件事,孔子的徒弟子夏,有一次旅行路过卫国,看到该国的史书中说:"晋师三豕(shǐ)涉河。"翻译过来就是说晋国军队的三头猪渡过黄河。子夏说这肯定不对,应该是晋国军队在己亥这天过河,"己"与"三"相近,"亥"与"豕"相似,抄写时写错了。后来,子夏到了晋国,问起这件事,当地人回应确实是"晋师己亥涉河"。

"己"与"三"、"亥"与"豕"的字形,今天看相差挺大的,但在古文字的写法上是相近的,因此容易写错。古谚语说:"书三写,'鱼'成'鲁','虚'成'虎'。"说的就是这个意思。后来,"鲁鱼亥豕"成为专门指错别字的成语。

古籍在传抄过程中出错,在所难免。晋国军队三头猪这样的错误,凭常识就能判断出有问题,但是很多时候,抄错了,要是不仔细辨析,是看不出来的。

《战国策》里有一个著名的故事,"触龙说(shuì,说服的意思)赵太后",讲述战国时期,秦国趁赵国政权交替之机,大举攻赵。赵国形势危急，向齐国求援。齐国想，帮你行，但你得做抵押，不然这忙不就白帮了吗？于是一定要赵威后的小儿子长安君作为人质，才肯出兵。赵威后呢，溺爱长安君，舍不得，执意不肯，并一意孤行，表示决不听劝。后来，赵国大臣触龙用"爱孩子就要为他做长远考虑"的道理说服了赵太后，让她的爱子当了人质，换取了救兵。

这个故事曾经很流行的说法是"触詟（zhé）说赵太后"。对此，清代学者王念孙说了，《史记》里写的是"左师触龙言愿见太后"，意思是左师触龙说愿意见太后。写成"触詟"的原因是把"龙""言"二字误合为一个字。因为古人写字是从上往下，两个字写得太近了，所以出了这样的错误。1973年，马王堆出土了《战国策》帛书，上面正是写的"触龙"。一桩公案才得了结。

触詟愿意去见太后，从语义上讲也没错，不容易看出问题。这也就是懂校勘的学者，才能用啄木鸟一般锐利的眼光，挑出这样的错误。

因此，校勘的作用，主要就是把古籍在流传过程中出现的错误找出来并更正，恢复原貌。古籍校勘之所以成为一种专门工作，就是因为古籍构成复杂，存在不同的写法和解释，必须在各种相异写法中，参合比较，判断正误，以存真复原。

怎么做？历史学家陈垣提出过"四校法"：对校，用同一种书的不同版本、刻本比较异同；本校，根据本书思想，对前后文义矛盾之处进行逻辑分析;他校,搜集其他书中涉及本书的资料进行考证;理校,依靠校勘者本人的知识系统和思辨能力,对文辞的疑难问题进行论证。

校勘学界有一条共识,就是不管用哪种校勘法,都不能想当然,轻易改动原书。因为哪怕是添加一个字,删去一个字,或者改动一个字,都可能直接影响内容的走向。

南宋学者彭叔夏,十二三岁的时候抄写太祖皇帝《实录》。当抄录到"兴衰治□之源"的时候,他发现缺失了一个字。

彭叔夏根据上下文琢磨,"治"后面一定是跟着"乱"才能说得通,于是写成"兴衰治乱之源"。后来,他得到该书的一个善本,上写"兴衰治忽之源",这才知道自己当时改错了。他说:三折肱为良医,我这才知道书是不能凭借臆测轻易更改的啊。

校勘的高妙之处在此,危险之处也在此。当然,若能真正把校勘之法驾驭得体、如鱼得水的话,就能像学者叶德辉那样,体会到校勘带来的精神享受。

叶德辉在《藏书十约》中总结了"校勘八善":"书不校勘,不如不读。校勘之功,厥善有八:习静养心,除烦断欲,独居无俚,万虑俱消,一善也;有功古人,津逮后学,奇文独赏,疑窦忽开,二善也;日日翻检,不生潮霉,蠹(dù)鱼蛀虫,应手拂去,三善也;校成一书,传之后世,我之名字,附骥以行,四善也;中年善忘,恒苦搜索,一经手校,可阅数年,五善也;典制名物,记问日增,类事撰文,俯拾即是,六善也;长夏破睡,严冬御寒,废寝忘食,难境易过,七善也;校书日多,源流益习,出门采访,如马识途,八善也。"

小贴士

校勘的本义是比较、审定的意思,校勘学所研究的,专指古籍的校勘。许多距今久远的古籍,其原稿、原抄、原版早已不传。今存许多古籍都是后来历代的翻刻本以及再翻刻本。即使距今稍近的古籍,包括文言及白话的著作,也都由于各种原因,存在各种文字语句的错误。把一种古籍的不同版本搜集起来,比较它们的文字语句的异同,审定其中的正误,这就是古籍的校勘。可参看倪其心《校勘学大纲》、张舜徽《广校雠(chóu)略》。

神医开药为啥要加块锡?

找好敲门砖(下) 看版本

古籍姓古,几百上千年下来,同一部书,经过不同途径的不断传抄、整理、翻印,形成许多不同的版本。尤其是两宋时期,雕版印刷术推广开来之后,版本的概念就和印刷本对应起来,并繁多起来。

南宋四大诗人之一尤袤,也是有名的藏书家,他写的《遂初堂书目》中所登载的版本,一部书有许多种名目,如成都石经本、秘阁本、旧监本、京本、江西本、吉州本等。岳飞的孙子岳珂刊刻《九经三传沿革例》时,其家塾藏书中,版本最多的一部书多达23种。

古籍不同版本之间存在较大差异,如字句不同、篇目卷数不同、注家不同、印刷版式不同等。拿《水浒传》来说,有一百回本的《忠义水浒传》、一百二十回本的《忠义水浒全传》、七十回本的《第五才子书水浒传》,还有一百一十回本、一百一十五回本、一百二十四回本。

回数不同,内容自然有很大差别。例如,一百回本写到宋江受招安后征辽、征方腊,没有征田虎、征王庆的情节;七十回本是金圣叹的删节评点本,删除了宋江受招安以后的全部情节。

另外，同一首诗，版本不同，字就不一样。唐代诗人杜牧的七绝《寄扬州韩绰判官》写得好："青山隐隐水迢迢，秋尽江南草木凋。二十四桥明月夜，玉人何处教吹箫。"通行本都是如此，但在更古老的本子里，"草木凋"写作"草未凋"。显然，"草未凋"更符合江南秋景的实际。

选版本，就好像买菜。同样都是白菜，这家的好看，但可能内里有坏的地方；那家的脏兮兮的，但可能是有机的。所以，买到那种"秀外慧中"的菜才好，最怕"金玉其外，败絮其中"。

从刻书的性质来分，古籍版本有三种：官刻本，即中央政府、各省书局、书院所刊行的；家刻本，即私人自著自刻的；坊刻本，即私人书铺刻来卖钱的。这三者，家刻本一般说来最好，因为自己对自己的书是很上心的；官刻目的虽在宣传文化，但把关校阅的人是雇来的，不免有敷衍塞责之处；坊刻则是纯谋利性质的，成本越低越好，产出越快越好，因此质量往往最差。

正如清末名臣张之洞所说，知道应该读哪本书了，却没有读到精心校勘注解的好本子，那就事倍功半了。前文说了校勘的重要性。不管哪种性质的版本，只要校勘校得好，篇目较全、错字较少、语句更符合原貌，就可以称之为善本。因此，看古籍，应当首选善本，不然容易闹出笑话。

南宋诗人陆游在《老学庵笔记》中写过这样一件事。北宋王安石变法时，推出三舍法，用学校教育取代科举考试。这期间，有位老师用《周易》出题考学生,说:乾为金,坤又为金,为啥呢?有学生拿着监本《周易》上前请示:老师您恐怕是看了麻沙本的《周易》吧?监本上写的是坤为釜啊。

麻沙本是福建建阳麻沙镇私人书坊所刻之书,因为当地多产榕树,木质松软,当地人用来雕版印书,贪快求多,所以错误不少,在宋代就以"品质低劣"闻名。监本是国子监刊刻的书,精校精审,纸墨精良,错误少。

另外,如果看书不挑版本,念岔了倒还事小,顶多误人子弟,但严重的可能要出人命。

明代名医戴元礼,曾经在南京访医学艺。偶然间看到一位医生家门前求诊的人很多,戴元礼想着这一定是位神医,就天天去人家门口观看。有一次,一位来看病的人刚出门,这位医生就追了出来,告诉那人,煎药时一定要放一块锡一起煎煮。

戴元礼听了,觉得很稀奇,就去请教这位医生。医生说,小伙子要多看书啊,我这是古方,载于某某医书。戴元礼听了去找这本医书,发现有两种版本,一种写作"锡",一种写作"饧",饧就是糖,作者原意是应该加块糖,但是劣本错写成"锡"。版本不同,这不是要出人命嘛。

有了版本的意识再去看一部书,不同类型的读者,就可以选择不同的版本——不选贵的,只选对的。对的就是合适的、称手的。鲁迅说:"善本就是能合手适用。"

例如，同样是《资治通鉴》，一位普通大学生想翻阅一下，作为课外参考，就可以看中华书局的新标点本；一位老年人想看，因为视力不好了，就可以看崇文书局复刻胡克家本，字大行稀；一位专门研究《资治通鉴》的学者，可以看商务印书馆影印的百衲本——各种宋代版本的书影都在其中，可以进行深入的对比钻研。

这样一来，各人均得所需，各书也适得其所。版本的作用，尽在于此。

小贴士

版的本义是木片，引申一下，竹片也可称版。造纸术出现之前，古人书写的载体是竹木。以竹木写文章，容量有限，因此同时使用缣帛。用缣帛抄书，写得很长以后，要把它卷起来才好保存。卷起来时，里面必安一木轴，才方便收卷。卷起来后，木轴的头露在外面，这轴头就是"本"。因此"版"之名源自简牍，"本"之名源自缣帛。后世连称"版本"作为书册的通名。有了雕版印刷术之后，人们习惯用版本一词作为印刷本的代称，与原意并不相符，但约定俗成，自此相沿不改。可参看李致忠《古书版本学概论》、曹之《中国古籍版本学》。

写书不署自己名,到底图什么?

了解古人心(上) 喜欢蹭流量

匈牙利有位作曲家说:人们不需要为了享受鹅肝而去了解鹅。同样的道理,钱锺书说得更透彻。

一位读者很喜欢钱锺书的作品,想要登门拜访他。钱锺书婉拒:假如你吃了个鸡蛋,觉得不错,何必要认识那下蛋的母鸡呢?

大师很谦虚,但是不合常理,看书毕竟不同于吃饭。一位读者看了一本很喜欢的书后,很自然地就会想了解作者其人其事。孟子说:"诵其诗,读其书,不知其人,可乎?"现代作者对署名权非常重视,对侵权行为非常痛恨,但中国古代的作者好像并不这么想,因为很多古籍都不写作者的大名。

《周易》的作者是谁?司马迁说是周文王,现在看并非如此。《诗经》三百篇,作者是谁?根本考证不出来。《周礼》,相传是周公写的,这一点连汉代人都不相信。所以,善于读古籍的人,得谨慎。尤其是秦汉以前的古籍,都不题写作者。若有,一般是后人想当然添加的。

战国时期的韩非,写文章把法家思想阐述得很深刻。有人把他的书传播到秦国。秦王嬴政看到了,感叹道:哎呀!寡人要是能和这书的作者见上一面聊聊，死都没有遗憾了。李斯说：这是韩非写的啊，他是我同学。

同样的一幕发生在汉代。有一天汉武帝读《子虚赋》读得很来劲，说：可惜朕不能和作者相识啊。正好有个叫杨得意的官员在一旁侍奉，他听到后对汉武帝说：作者是我老乡司马相如。

秦始皇、汉武帝，看到了书，却不知道作者是谁，如果不是李斯和韩非同门、杨得意与司马相如同乡，连一国之主都无法知道作者高姓大名。所以，古人写书写文章，确实不习惯、不倾向、不愿意自己署名。

有人可能纳闷了：不对吧，很多古籍的作者直接把自己的名字当成书名了啊，如《孟子》《荀子》《管子》《韩非子》等。

事实上，古籍这么命名，为的是表明书中所言出自哪里，彰显师门家法。就像《论语》是孔门弟子及再传弟子编纂的一样，先秦子书一般都是某家后学记录、搜集祖师爷的文字、言论后编辑整理出来的。

又如《晏子》，北宋官方出版的目录《崇文总目》里说了，这是后人采集晏子的故事编写的，如果以为是晏婴自己写的就不对了。

为什么古人不重视自己的著作权呢？首先，古人心理，尊古贱今，崇拜古人，鄙视同时代的人。所以有人写了书，生怕不为当世所重,淹没了他的好内容,就托古人之名为自己的书站台,诸如伏羲、神农、黄帝、周公,都是受托大户,同时达官贵人、名人名家也经常被"蹭流量"。

《晋书·曹志传》中有这么个故事。有一次,晋武帝司马炎翻看《六代论》这本书,问曹志:这是你父亲曹植写的吗?曹志很谨慎,说:我父亲给自己写的东西做过目录,我去翻看一下。

查阅之后,曹志回奏说:目录里没有这本书。司马炎问:那是谁写的?

曹志说:我听说,是我们家一个亲戚曹冏所写。因为我父亲文采高、名气大,他想让自己的书能传得久远,因此才假托的。

司马炎感叹道:自古以来都是这样啊。

不过这也说明,不少古人都以学术为公,写书不是为了争名,对社会有益就好了。用明末清初江南大儒陆世仪的话说就是:"君子之于天下也,功不必自己出,名不必自己成,苟吾书得行,吾言得用,使天下识一分道理,享一分太平,则君子之心毕矣。"

作家木心把这种"只留作品,不留作者"的行为,称为"大自然的作风"。

那为啥汉代以后的作者就不那么"急公好义",非要把自己的名字标明呢?因为从汉代开始,学问做得好,是可以当官的。所以,当时的官方学者,门下弟子很多,他们的学问与大名不愁没人传。

而民间学者、私人著述,写的书不被国家认可为功名利禄之桥梁,就少有人跟着学。作者要是去世了,他的学问可能就会失传,"尔曹身与名俱灭"了。不信您看司马迁这样的大史学家,写出了《史记》,不也得"藏之名山,副在京师"以待后来君子吗?于是,他们就想方设法把自己推销出去。在书里题写自己的名字,也就逐渐盛行起来。

小贴士

《淮南子·修务训》载:"世俗之人,多尊古而贱今,故为道者必托之于神农、黄帝而后能入说。乱世暗主,高远其所从来,因而贵之。为学者蔽于论而尊其所闻,相与危坐而称之,正领而诵之。此见是非之分不明。"这段话几乎道破了世俗喜欢托古的根源,并且反映了汉以上的书籍,存在不少伪托。可参看张舜徽《中国文献学》,其中"古代文献的基本情况"部分,分章介绍"著作、编述、抄纂三者的区别""编述的体例""写作的模仿""写作的伪托""写作的类辑",对古人写作、古书编纂进行了深入浅出的介绍。

古人为什么没有标题党？

了解古人心（中）　书名太随意

　　古代作者不在书上题写自己的名字，或是"学术为公"的体现，抑或是当时成书条件制约的结果。

　　古籍成书比今天要复杂。今天往往一书对一人，《傲慢与偏见》是简·奥斯汀写的；提起老舍，大家马上就能想起《骆驼祥子》。古籍可没这么清晰的"一对一"关系，经常是"一对多"。一本书往往不是一个人写的，而是成于众人之手；往往不是一个时期写定的，而是经历几十年，甚至上百年才能编订好，似乎背后有一个编辑委员会似的。

　　如此一来，连累书名这个书籍的基本要素，也成了一笔糊涂账。今天的作者写书、写文章，在书名、标题上可谓煞费苦心，唯恐语不惊人；尤其是做传媒的，更是把拟标题作为非常重要的工作，以至于有"标题党"的称谓。反观古籍的书名，作者就不怎么上心了。

　　比如大名鼎鼎的《史记》，司马迁写完之后，没起名字，是他拿给东方朔看，东方朔给起的名叫《太史公》。学者王国维说，司马迁这部书原来只有每篇的小标题，没有一个总的大标题。《史记》这个名字是东汉之后叫起来的。

综合起来看，古籍命名有三个特点。

首先，春秋以前没有私人著述这回事，流传于后世的书，全是官方出品，自然不能用个人名字做书名，而用著书之意命名。比如，鼎鼎大名的《春秋》，鲁国官方历史书，记录每年、每季、每月、每日发生的事，春夏秋冬，无所不包，单独拎出春秋两季做代表加以命名。其他如讲军法的《司马法》、讲纵横策略的《战国策》、记录统治者世系的《世本》，大概源出古史，都是拿所记之事做书名。

其次，很多古籍的书名、篇名就是简单摘取第一句话的头两个字，跟内容关系不大。《诗经》最明显。"蒹葭苍苍，白露为霜。所谓伊人，在水一方"出自《诗经》的《蒹葭》一篇。蒹葭是两种水草，泛指芦苇。这首诗讲的是爱情，跟蒹葭的联系在哪儿呢？顾炎武也说了，《诗经》里的诗人，大多是写完诗后取其中一字、二字、三四字为篇名，因此十五国风里一个像样的标题都没有，《雅》《颂》偶尔有。

《论语》里也是，第一篇叫《学而》，因为第一句是"学而时习之，不亦乐乎？""学而"甚至都不是一个完整的词汇。

最后，古人写书，多是写完一篇发行一篇，所谓单篇别行。把这些分散的篇目收集、编辑到一起成为一本书，一般都是门下弟子或者再传弟子的功劳。给先师的书编好了，为了表明家法，为了说明自己学派的渊源，就拿祖师爷的名字当书名了。

比如韩非，他在世时写出了《孤愤》《五蠹》《说林》等单篇文章，十多万字。法家后学把这些文章汇总成为《韩非子》。

董仲舒也是这样。《汉书》里说，他上书言经术，演说《春秋》，写出《闻举》《玉杯》《繁露》《清明》《竹林》等数十篇、十多万字的文章。这里只说篇名，不说书名，就是因为没有成书，自然没有书名。

所以，古人写书往往是随时随地写下，但自己又不整理，书名自然也不会起了。有一个故事从侧面证明了这一点。

司马相如临终前病得很厉害。汉武帝说：赶紧派人去把他的书全部取回来。如果不这样做，以后就散失了。派去的人赶到时，司马相如已经死了，而家中没有一本他写的书，就问卓文君怎么回事。卓文君说，我老公本来就不曾有过自己的书。他时时写书，别人就时时取走，因而家中总是空空的。

自己给自己的书命名成为一种通例，是到了汉、魏之后。桓宽的《盐铁论》、刘向的《说苑》、扬雄的《法言》等出来了，作者与书的对应关系才逐渐紧密地建立起来。

余嘉锡《古书通例》中说:"古书之命名,多后人所追题,不皆出于作者之手,故惟官书及不知其学之所自出者,乃别为之名,其他多以人名书。"《古书通例》是一部从宏观角度研究古籍的专著,对于汉魏以前的古籍,经过探微索隐,详加考证,分析归纳以阐明古籍的通例,指出了研究阅读古籍的门径。此外还可参看叶德辉《书林清话》。

武王伐纣后将妲己赐予弟弟？

了解古人心（下） 太爱编故事

读古籍面临的一大障碍就是古人喜欢引经据典，要是不明白他们引用的事情，很可能就看不懂他们要说什么。而且，他们引用的故事或者言论，今天好多都不知道了。因此，在古人看来是司空见惯的，在今人看来就如坠雾里云烟。

比如李商隐的《锦瑟》："锦瑟无端五十弦，一弦一柱思华年。庄生晓梦迷蝴蝶，望帝春心托杜鹃。沧海月明珠有泪，蓝田日暖玉生烟。此情可待成追忆？只是当时已惘然。"几乎句句有典故，就算一个一个都弄明白了，可放在一起还是难明李商隐的心曲。

更要命的是，古人喜欢编造故事作为论据，以支持自己的观点、抒发自己的情绪、表达自己的爱憎。

三国时期，曹操率军打下了袁绍的老巢邺城，屠城还不算，袁家的女眷也遭到了侵犯。曹操的儿子曹丕，就公然把袁绍的儿媳妇纳为妾。

这件事在信守礼法的孔融看来，实在是辣眼睛。他就写信跟曹操说，当初武王伐纣之后，把纣王的宠妃妲己，赏赐给了弟弟周公。

这很明显是在影射曹操一家的无耻做派。曹操自然明白，但不知道这个故事的出处，就问孔融。您猜孔融怎么说？他说："以今度之，想当然耳。"意思是说，我按照今天发生的事情，推想古人也应该是这样的。

孔融编造这个故事，为的是讥讽曹氏父子的做法太龌龊。硬说武王把妲己赏赐给弟弟，有助于增强讥讽的力量。

诸子百家的著作中，这样的事例有很多。比如，他们特别爱引用许由的故事。相传许由是上古时代一位品行高洁、能力出众的人，尧帝要把君位让给他，他推辞不受，逃到箕山下隐居，自己开荒耕种。尧帝追着又让他做九州的长官，许由就跑到颍水边洗耳朵，表示不愿听到这些世俗浊言，脏耳朵。

先秦这些哲学家为什么要编造许由洗耳的故事呢？清代学者朱一新看得明白：这是借此讥讽当时为了高位你争我夺，为了利益互相攻打、争斗的风气，而并非事实。

可以说，这种编造故事的出发点，总还是好的，为的是公道和正义。但有的编排就不那么正大光明了。

比如，《孟子》《吕氏春秋》《淮南子》等古籍里，有人编故事说，孔子周游列国不得重用，为了推行自己的学说，不惜求助于一些重权在握但道德败坏的人，如宦官、宠妃之类。

如此编造的目的，是借此修饰自己错误的行为：你看，连孔子这样的大圣人，为了实现自己的目标，都不惜自污，不怕自己的品行染上污点，更何况我们这些凡人呢？所以，为达目的不择手段是应该的，哪怕我阿谀奉承、低三下四拍马屁，重金贿赂走后门，都没什么可丢人的了。

还有人不实事求是，对一些文本的技术错误妄加解释、胡乱引申，闹出笑话。《韩非子》里讲过郢书燕说的故事。说一天晚上，楚国的郢都有个人写信给燕国的相国。写信的时候，烛光不太亮，此人就对在一旁端蜡烛的仆人说："举烛。"意思是把蜡烛举高一点，但他嘴里说着举烛，也随手把"举烛"两个字写到信里去了。相国收到信后，看到"举烛"二字，琢磨了半天，自作聪明地说，这"举烛"二字太好了。举烛，就是提倡光明清正的政策；要提倡光明，就要举荐人才担任重任。他把这封信和自己的理解告诉了燕王，燕王也很高兴，大力"举烛"，选拔贤能之才，治理国家。燕国治理得还真不错。

郢人误书，燕相误解。国家是治理好了，但根本不是郢人写信的意思。这真是一个穿凿附会的典型例子。

此外，为了让自己的文章炫目多彩，吸引人眼球，有人也会编一些神怪乱离、荒诞无稽的故事。对此，东汉学者王充从需求侧进行论证，很有见地。他说：俗人喜欢奇谈怪论，如果故事不奇特，人家不看。所以，赞美人如果不夸大其词，听的人不过瘾；辱骂人如果不添油加醋，听的人心里不爽。

所以，读古籍要留个心眼，多闻阙疑。

小贴士

崔述的《考信录》,是一部辨别古籍古史真伪的专著。这部书从三皇五帝时代开始考据,不但钻研历史真相,还研究不同历史阶段。崔述所做的工作就是"去伪存真",把那些"伪书""伪事"从古籍中剔除出去,还原"圣人"著作的本来面貌。由于这部书中有少许文字在质疑孔孟的观点,所以一直到崔述去世也没能刊行。崔述有个学生叫陈履和,继承老师的遗志,耗尽家财,终于让《考信录》刊印发行。

在东汉庄子为啥改姓严?

古籍有陷阱(上) 好多讳得避

诸子百家中,道家的代表人物是谁?

相信对中国文化略有了解的读者一定知道答案,是老子、庄子,合称老庄。但要是换成东汉时期的读书人来回答,他会说是老子、严子,合称老严。

您要是反驳他,他就会拿出班固写的《汉书》来说,您瞧,这么权威的书里写的就是"老严之术"啊。

这是怎么回事?班固错了?他是明知故错。因为这里面有个避讳的问题。颇为赏识班固才能的汉明帝,叫刘庄。"庄"这个字既然被皇帝起名字用了,那就被皇上垄断了,天下的书籍中,就不能有"庄"字了。你庄周的哲学再玄奥也没用,名字得改了。为啥改成"严"字?庄严,庄严嘛。

同样的道理,楚汉相争时,劝说韩信脱离刘邦自立为王的那位谋士,史书里写的是蒯通,其实人家本名叫蒯彻。皆因为雄才大略的汉武帝叫刘彻,你个小小的谋士,就得改名。为啥改成通?通彻,通彻嘛。

还有,今天我们称湖北为荆楚大地,楚好理解,楚国故地大部分在湖北,但为啥前面要加一个"荆"字?唐朝学者张守节解释了，秦始皇的父亲秦庄襄王（公元前281—前247年）叫嬴子楚，所以秦国要避开这个"楚"字，称楚国为荆。后来秦一统天下，以荆代楚成了全国的共识，后世也就荆楚并举了。

这就是避讳。民国以前，人们在写文章时，不能直接写当代君主的名字以及他所尊重的人，比如父母的名字，同音字也不行，必须避开。不然轻则抓，重则杀。乾隆就因此杀戮过多人。事关人头，因此甭管什么人名、地名、官名、俗用语、寻常物等，都得避开皇上一家的名讳。流弊所及，一些作威作福的地方官，也要治下的百姓避他的讳。

俗语"只许州官放火，不许百姓点灯"，出自陆游的笔记，讲的是宋时有个州郡太守叫田登，为人跋扈专制，不许州内的百姓在谈话时说任何一个与"登"字同音的字。结果元宵节到了，本来大家要放灯，他让人贴出告示说："本州依例放火三日。"成为笑谈。

避讳为中国特有的风俗，起于周，成于秦，盛于唐宋，直至明清，两千年不绝。避讳常用之法有三种：改字、空字、缺笔。改字好理解。空字就是空其字而不写，或者写成"某"。比如《史记·孝文本纪》："子某最长，请建以为太子。"某就是指汉景帝刘启。缺笔就是把该避讳的字少写一笔。空字、缺笔比较直观，容易看出来，改字因为改成了意义相同或相近的字，因此不易看出来。

这样一来，避讳的弊端就显而易见了，就是把古籍弄乱了，一些地方让人看了不明所以：看见"端月"不知什么意思，殊不知是避秦始皇嬴政的讳，正月改端月；看见一本记录晋朝历史的书叫《晋阳秋》，名字太怪不知怎么理解，殊不知是避晋简文帝的母亲名字里的春字，人家本来叫《晋春秋》；看见一物叫"金樱"不知是什么东西，殊不知是避五代十国时吴越国国王钱镠（liú）的讳，此物原来是石榴……

防不胜防的避讳要求，即便天天和文字打交道的读书人，有时还会无意中犯到帝王名讳，普通老百姓就更别提了。对此，就有亲民务实的皇帝把自己的名字改得生僻些，以示爱民。

在民间长大的汉宣帝，本名叫刘病已，当皇帝后他发现民间老百姓上书中经常因提及"病""已"这两个常用字而被抓捕，于是，他特下诏令，正式改名为刘询。"询"这个字，今天挺常见，"询问""咨询"等词汇很多。但在西汉，"询"是个十分生僻的汉字，一部《汉书》百万余言，却只有4个"询"字，其中还包括汉宣帝下达的更改名字诏令中的"询"字。

不过，避讳造成古籍混乱、生活不便是一方面。另一方面，若反其道而用之，则可以解释古籍中疑涩不通的地方，还可以辨别古籍的真伪和著作时代。因为避讳的字，各个朝代都不一样，不啻为某个特定时代的标志。比如，某人的功名里出现"茂才"了，一般就可以肯定是东汉时期的著作——为了避讳汉光武帝刘秀的名字,把"秀才"改为"茂才"。

可能有读者会问,这么多避讳的陷阱,太烦了,怎么才能从根本上避开?有个捷径,看元代的书。元代帝王在避讳问题上,个个看得开:我们全家的名字,没什么可忌讳的,大家随便用。

小贴士

避讳学是阅读中国古籍不可缺少的知识。这方面的书首推历史学家陈垣的名作《史讳举例》。这是避讳学的一部总结性著作,列举了82种避讳法则,分为8卷:第一避讳所用之方法,第二避讳之种类,第三避讳改史实,第四因避讳而生之讹异,第五避讳学应注意之事项,第六不讲避讳学之贻误,第七避讳学之利用,第八历朝讳例。总计8万多字,言简意赅,至今无出其右者。

学者作伪为哪般

古籍有陷阱（中） 好多伪得辨

"朕今日说了这么多，就是想告诉大家，朕为什么坚持要开办这个京师大学堂，就是希望在座诸君能够破除我们心中之贼，以国家强盛为己任，不骄狂，不自卑，正视现实，发愤图强。"

上面这段话来自头些年很火的一篇文章——《光绪皇帝在京师大学堂的演讲》，当时在线上线下的各种场合被人追捧："说得太好了""点明了传统文化的弊端"云云。但很少有人去想，光绪到底讲没讲过这些话。

事实上，这篇文章出自网络穿越小说《一个人的甲午》。如果稍有一些历史常识，从第一句话就能看出错误来。"光绪十七年九月二十一日，正是西山红叶灿烂之时，京师大学堂正式开学……"哪里错了呢？光绪十七年是1891年，而京师大学堂1898年才建立。而且，"光绪"的整篇"演讲"中，除了"朕"字可以看出点儿古代味，其余皆与现代白话无异。有学者就说了："如果当时的光绪能够说出那样的一番话，就不需要后来的新文化运动了。"

虽然很早之前就有不少人批驳过这篇文章，但时至今日，仍然有人在传，在信。明明是伪造的，却因为伪造有术，容易让人信以为真。这种鱼目混珠的情形，在古籍流传过程中，也发生过，而且不是少数。清末重臣张之洞就说了:"一分真伪,而古书去其半。"即便夸张,也有根据。

之前聊过,古人喜欢编造故事,从先秦时期就开始了。后来到了魏晋南北朝时期,社会动荡不安,战乱频仍,中原陆沉,文化事业受到摧残,因为传抄不易,很多古籍就此灭绝。于是出了一些妄人,从编故事更进一步,假托古代作者,伪造古籍。其中,有位叫王肃的,可谓造假的魁首。他为了在学术争论中占得先机,接连推出托名孔子门徒的《孔子家语》、托名孔鲋的《孔丛子》。造成聚讼千年的伪《古文尚书》都可能是出自他之手。

这种造伪的风气持续了很久。隋朝平定天下后,向全国征求散失的书籍。大学者刘炫伪造了100多卷书,名之为《连山易》《鲁史记》等,以此求荣拿赏。结果被人揭发,差点被处死,遭撤职后回乡靠教书过活。

中唐之后,独立思考、质疑辨伪的风气逐步形成。从刘知几、柳宗元,到宋代的郑樵、王应麟,再到明代的梅鷟(zhuó),清代的阎若璩(qú)、崔述等,辨伪的学者薪火相传,对伪书、伪文、伪图,穷追不舍,深入揭批,让众多"李鬼"纷纷显形。

古人辨识伪书的方法,明代学者胡应麟总结过规律,提出辨伪八法:第一,检查一下最早的目录书,看著录了没有;第二,翻阅历代正史中的《艺文志》或《经籍志》,看这部书是什么时代初次亮相的,以查考流传线索;第三,看同时期的著作有没有谈到或者引用过这部书的地方；第四，看后世的书籍里有没有发挥或引申过这部书的论述；第五，从文体看是否和作者所处时代的文体一致；第六，从内容看是否和作者所处时代的事实相符；第七，检查所标作者看是不是出于托古；第八，核查首先传播这部书的人。

后来，梁启超又提出十二条辨伪公例，在胡应麟的基础上更加具体而周密。不管是"胡八法"还是"梁十二例"，除了应用上的便利外，其背后蕴含的科学理性精神，更值得关注。

中国文化重综合不重分析，缺乏一种"打破砂锅（纹）问到底"的劲头，含糊轻信的人不在少数，对很多伪造的东西，分辨不清，很容易盲从。而辨伪质疑的精神，多闻阙疑的思维，有助于纠偏补弊。

不过，换个角度看，古文献学家张舜徽说过："伪书虽伪，不可尽废。"古人造伪，大多为的是传播思想、经世致用，加上造伪时所使用的材料，往往是货真价实的、后来散失的史料，所以伪书的价值，也不可忽视。

比如，儒家十六字心传"人心惟危，道心惟微；惟精惟一，允执厥中"，虽然出自伪《古文尚书》，但这句话的思想价值并不伪，应该是先秦儒家论述的孑遗，依然可以视作应对艰难世道的一种精神坚守。

小贴士

辨别古籍真伪,实质就是考证。这方面的著作很多,推荐梁启超的《古书真伪常识》(原名《古书真伪及其年代》)——根据其1927年在燕京大学的讲义整理而成,分总论和分论两部分。总论中,作者从辨伪及考证年代的必要性谈起,总结伪书的种类及作伪的来历,回顾历代辨伪学的发展情况,归纳辨伪及考证年代的方法,并阐述对不同伪书的态度。分论则依次探讨十三经的真伪及成书年代,并附论五种子书。全书条理清晰,行文晓畅,适合初学者阅读。

给古籍用上黑玉断续膏

古籍有陷阱（下） 好多佚得辑

古籍保存不易，尤其在印刷术发明之前，千辛万苦抄得几部书，一场火灾，一场战乱，就全没了。

隋朝人牛弘总结书有"五厄"——始皇焚书、王莽之乱、董卓之乱、八王之乱、侯景之乱。每次变乱，都给官方藏书、给文化造成毁灭性打击。后来，明人胡应麟又提出续"五厄"，近人祝文白再续"五厄"。

连番厄运之后，历史上的很多声音就此熄灭，很多人物事迹就此湮没无闻，殊为可惜。但对此也不是只有扼腕叹息的份儿，通过积极主动地辑佚，还能抢救回一部分。

举个例子，古人描写离愁别绪最有名的两位作者，一个是江淹，一个是庾信。前者的《别赋》，声情凄婉；后者的《愁赋》，据说也是写尽了人间愁态。南宋词人刘辰翁说"江令恨别，庾信愁赋"，把二人并举。但是《愁赋》在很长一段时间里佚失了。

幸好，宋代有位叶廷珪，他编撰的一部《海录碎事》里引用了《愁赋》的一部分，后人从中辑录出来，才让"庾愁"不至于空留遗恨。

辑佚，即从现存古书中钩稽、缀辑已经亡佚的古书文字材料，重新编辑、整理，力求恢复作者原书的面貌，从而让被外力打断的文脉得以延续，功效好比武侠小说里的黑玉断续膏。这项工作是宋代学者开始留意并做起来的，还提出了"书有名亡实不亡论"的指导性理论。后来，明代藏书家祁承㸁（hǎn）引申这一理论说："书有亡于汉者，汉人之引经多据之；亡于唐者，唐人之著述尚有之；亡于宋者，宋人之纂集多存之。即从其书各为录出，不但吉光片羽，自足珍重；所谓举马之一体，而马未尝不立于前也。"

当然，辑佚可不是只给诗人作品集做些小修小补的工作，对中国文化还有大补之用呢。

二十四史是中国史学著作的柱石。其中的《旧五代史》150卷，是宋初由薛居正主持的官修史书，原名《五代史》。后世为与欧阳修所撰《五代史记》相区别，称薛史为《旧五代史》。

《旧五代史》南宋后流传渐微，约在明清之际亡佚，今所见者为清代学者邵晋涵从《永乐大典》等书辑出，是二十四史中唯一的辑佚书。《旧五代史》主要靠删削五代各朝实录而成。由于五代实录今天均已失传，而《旧五代史》因大量保存了实录遗文而具有重要价值。

做辑佚工作的人最爱《永乐大典》。该书是明成祖命解缙、胡广、胡俨、杨士奇等人主持编纂的一部规模宏大的类书。此书按照一定的分类，将古籍中的有关资料整段、整篇甚至整部地录入。

据不完全统计，当时录入的图书包括经、史、子、集、释藏、道经、戏剧、平话、工技、农艺、医学等七八千种，其中所收之书绝大部分都灭绝了。因此，《永乐大典》就成了蕴藏极为丰富的辑佚渊薮。

《永乐大典》编成后一直在朝廷内府中保存，不见天日。康熙年间，这部大书被放到翰林院供编书参考。乾隆年间编《四库全书》，对《永乐大典》进行了较为深入的利用。当时设立了校勘《永乐大典》散篇办书处，先后有39人参加，其中的著名学者有戴震、邵晋涵、周永年等。8年下来，共从中辑出佚书385种，大量珍贵秘籍得以重见天日。除了前面提到的《旧五代史》，还有520卷的《续资治通鉴长编》、90卷的《续后汉书》、24卷的《东观汉记》等。

当然，散佚的古书也不都是珠玉，其中不少也是糟粕。宋代藏书家陈振孙写的目录《直斋书录解题》中评过一本《韩文公历官记》，说"颇疏略"，里面的史事错得很离谱。有这样的评价，我们对这本书后来的亡佚，也就不用惋惜了。

让人感慨的是，古籍是因为稀少而亡佚了。现在呢，资讯发达，文化繁荣，书籍多到浩如烟海，但又有多少好书因无人翻看而形同亡佚？看来，书也会因为太多而"亡佚"啊。

小贴士

辑佚本出于古文献编纂、补遗、资料长编、注释、校勘、辨伪等方面的需要,是从属的环节。大约从宋代开始,已形成独立的辑佚之学。到了清及近代,辑佚成为文献考据的重要方面,无论稽考和缀合都更加精密,所辑书籍范围也得到扩展。此时产生不少规模可观的辑佚丛书,如马国翰《玉函山房辑佚书》、洪颐煊《经典集林》、王绍兰《萧山王氏十万卷楼辑佚七种》、赵在翰《七纬》、孔广林《通德堂遗书所见录》等。

看中国古籍为啥老点头？

书于竹帛（上） 写在哪里

今天的书，基本特征是用黑墨将文字印在白纸上，所谓白纸黑字。古代，尤其是印刷术、造纸术发明之前，人们把文字"弄"在形形色色的材料上。

这些材料可分三类：动物、植物和矿物。

动物类材料有龟甲、兽骨，植物类材料有竹简、木牍，矿物类材料有玉石、青铜。刻在甲骨、兽骨、玉石等坚硬材料上的文字，一般称为铭文；记载于竹木等易损材料上，才称为书籍。《说文解字》就说了：写在竹帛上才叫书。

制成竹简的方法，是先取竹木裁成短段，剖析成片，再刮一刮、削一削，成为长方形的竹片。由于新竹子容易生虫朽烂，制竹简时必须先放在火上烘烤出水来，名为"汗青"；并将竹上的青皮刮去，名为"杀青"。这两个制作竹简的术语，后来演化成为中文的常用语。

竹简窄而长，一片竹简容纳字数有限，因此写成一部书需要用很多竹简。用带子把竹简编联起来，扎成一束，就是一册书了。编简的带子有用丝绳的，有用皮带的。其中用牛皮的叫"韦编"。孔子看《周易》，翻的次数太多了，牛皮带子断了好几次，就有了成语——韦编三绝。

总之，中国书籍的出现，始于竹简的应用，继之以帛书、木牍、纸卷，再到今天的电子文本形式。而作为源头的简牍古籍，虽然今天已经基本退出应用场景，但仍影响着今天的书籍形制乃至阅读方式。

举个例子，读中国古籍是从右往左读，从上向下看。这种书写和阅读方式，直到晚近时期才逐渐开始转变。为啥这样？学者钱存训认为，这种特点与中国文字的构造、书写材料、应用工具以及中国人的生理、心理等因素有关。

造字时期的先民，生活在黄河流域，当时的温度比今天高，竹子遍地，于是多取材制成竹简以写字。竹木材料的纹理走向是竖直的，与毛笔书写大多从上到下的笔顺相协调；再者，用竹子劈制的简策比较狭窄，只能容得下单行书写。这多重因素组合在一起，促成了独特的书写顺序。

至于从右到左的成文方式，钱存训认为，大概是因为古人习惯用左手执简、右手书写，将写好的简策按顺序置于右侧，由远而近，再把一片一片竹简编联起来，从左向右一卷，收藏起来，打开时从右向左开，因此形成从右到左阅读的习惯。

有这样一种说法：西方文字横着写，看的时候人不停摇头，体现了西方人的理性和质疑精神；汉字从上往下写，看的时候人不停点头，说明中国人容易盲从和轻信。

推论就是：前者正是西方文字中深藏不露的理性之根，是打造现代人理性意识的最重要的因素；后者则是落伍的、低效的。

这显然是毫无道理的比附，不符合实际。

从上面的分析可以看出，中国文字的书写方式，是由所采用的书写载体决定的。而文字的直行排列没有降低阅读效能，而是正好相反。

美国芝加哥大学教育学系教授、世界阅读学会首任会长威廉·格雷，曾对世界通行的各种文字阅读速度加以比较，结果证明"直行阅读实较横行阅读为快"。因为中国文字的单字所占面积较小，视力涵盖的范围较为广阔。

心理学家也说过，中国字的特殊排列也许和眼皮上下开合的情况有关，也就是说，更符合人体视觉器官的构成。

结论就是，文字的排列顺序和阅读效力，主要与文字构造、书写材料和工具有关，跟什么理性、盲从，没有半毛钱关系。

小贴士

关于中国典籍书写问题的专著,首推华裔学者钱存训在世界上享有盛誉的《书于竹帛》,正文仅164页,一天就能看完。李约瑟对此书的评价是八个字——"清晰利落、要言不烦"。此外,李约瑟的皇皇巨著《中国科学技术史》中,唯一由个人具名、华人撰写的分册——《纸和印刷》,也出自钱存训之手。英国《泰晤士报》当时评价说:"钱氏将这一专题的资料浓缩在一册之中,以西方语言介绍中国文明尚属首次……第一版在发行之前就已预订一空。"

刀笔吏就是以刀作笔吗？

书于竹帛（中）用什么写

古人在竹简上写字，用什么工具？一些影视剧想当然地就让演员拿小刀，一笔一笔地刻。他们拍摄时不感到疑惑吗？用刀刻繁体字，效率是多么低下啊。

诚然，甲骨文、金文这种以坚硬耐久的材料为载体的文字，用刀加以契刻，是合乎逻辑和事实的。但不能因此就推定古人也是在竹简、木牍上刻字的。

这种误解不是今天才有的。唐代学者贾公彦就说了：古代没有纸笔，用刀刻字。宋人王应麟进一步说：古代没有纸，用书刀刻在竹简上，这就叫削。甚至近代有的辞书也说：古简牍用竹木，以刀代笔，故曰刀笔。加上有个常用词"刀笔吏"，人们多误以为是以刀作笔的小吏。

其实不然，《战国策·齐策》里说，齐后将死，让她儿子"取笔牍受言"，老太太写遗嘱时让儿子拿笔和木牍来记，没说拿刀来记。

当然，最有力的证据来自出土文物。到目前为止，出土的竹简木牍，没有一个字是用刀刻的，全是拿毛笔蘸墨汁写的。即便是甲骨文，也是先用毛笔写好，再用刀刻在甲骨上。考古学家董作宾说，他见过几片早期的牛骨，其上还有用毛笔和墨汁书写而未契刻的文字。

此外，近年有不少以竹管或木枝制成的毛笔实物出土。1954年，长沙古墓中发现的战国笔，以及后来在河南信阳、湖北包山等战国墓中发现的毛笔，都是现存最古的毛笔。其中，长沙古墓中的战国笔全长21厘米，笔管与套均为竹制，笔头为兔毫。

有考古学家认为，笔的历史应追溯到史前时期。在河南仰韶和西安半坡等新石器时代遗址所发现的彩陶，其上的花纹和符号，都是用毛笔所画。那时的毛笔不一定是像后来的毛笔那样，以兔毛和竹管制成，但必然也是以某种动物的毛扎在某种质料的管上，而后以墨汁或其他色素的液体来绘写的。所以，用毛笔书写的传统，必然在目前尚不清楚的远古时代就已经开始了。

古代文具中也是有刀的，叫书刀，是整治竹木以备书写以及从简牍上删改文字的一种重要工具，类似今天的涂改液。古人写错字了，或者旧简重用，表面原有的文字得先刮去，可用普通的刀，但有时也用一种特别设计的"书刀"。

给《汉书》作注解的颜师古就说了，蜀地盛产书刀，尤以广汉郡出品为最著名。民国学者罗振玉就收藏过一把广汉书刀。

刚才提到刀笔吏，再多说两句。刀笔吏是古代底层官吏的代称，在实际工作中的职责大概就是负责传抄公文、整理案牍。

处理大量的文字材料，完全凭借刀笔吏个人的心力，而一旦出错，责任又非常重大，所以做刀笔吏的，要有认真负责的态度。一旦风云际会，刀笔吏中也能出大人物。其中最有名的当属萧何。他是秦国的一个刀笔吏，史书上说他当时庸庸碌碌，没有发现有什么奇异之处。

后来，刘邦率军进入咸阳以后，其他将领都忙着抢夺金银珠宝，连刘邦自己都被皇宫的奢华所吸引，躺在秦始皇的床上不肯下来。

唯独萧何，跑去收集地图、户口簿等文件。有了户口簿，就能知道天下有多少青年男丁，可为以后征兵做准备；有了地图，便能知道秦帝国的粮仓分布，以后打仗不用为军粮犯愁。相信萧何的这种意识，就是长年从事文书工作的刀笔吏经历带给他的。

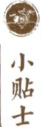
小贴士

谈论中国笔的专著很多，作为一般读者不必深究，但可以此为切入口，广泛了解中国古代社会的物质生活状况。这方面的书推荐孙机的《中国古代物质文化》，该书分十章介绍农业与膳食、酒茶糖烟、纺织与服装、建筑与家具、交通工具、冶金、玉器漆器瓷器、文具印刷乐器、武备、科学技术，内容翔实，如话家常，使专业内容通过趣味讲述变得通俗易懂，且配以手绘图例，一目了然。

藏在竹简和缣帛中的秘密

书于竹帛（下） 篇卷有别

我们找古籍看时，会发现一个细节，就是书籍的计量单位不统一，有称篇的，有称卷的。

比如，反映西汉国家藏书概况的目录《汉书·艺文志》，有书614家，其中以篇为单位的有448家，占3/4弱；以卷为单位的有166家，占1/4强。前者代表有《山海经》13篇，后者代表有《春秋左氏传》30卷。

为什么会有这种区别？清代学者章学诚说："大约篇从竹简，卷从缣帛，因物定名，非有他义也。"也就是说，文字的载体不同，决定了计量单位的不同。写在竹简上的书，单位是篇；写在缣帛上的书，单位是卷。其中，帛是丝织品的总称；缣是由双丝织成的，不透水，是上等的昂贵的书写质材。

所以，篇与卷是两个计量单位，反映了中国古代书籍材料发展的不同阶段。书于竹帛，是墨子说的，足见春秋时代的书写材料就简、帛并行了。

竹简便宜易得，但是成书太笨重。秦始皇统一天下后，十分勤政，大事小情都要亲自处理，每天批阅的奏折、公文非常多，重达60多斤。

缣帛轻便,可以根据需要进行剪裁。被匈奴放逐的苏武,牧羊于贝加尔湖,长达19年。西汉政府想要回苏武,派使者去,匈奴人却说他已经死了。使者识破诡计,对匈奴人说:我们皇上在上林苑射下了一只大雁,大雁的脚上系着帛书,是苏武写的一封信,说他在北海放羊,你们怎么可以骗人呢?

大雁腿上系丝绸可以,绑竹简就离谱了。

此外,缣帛还可以绘图。荆轲刺秦,图穷匕见。地图既可穷尽,当系帛卷。

缣帛做书的好处虽多,但就是太贵了。西汉时,每斤生丝的价值相当于一个成年人全年的口粮,一匹帛可换720斤大米。因此,以汉朝国力之盛,国家藏书也只有1/4是写在缣帛上的。

行文至此,有人可能问了,篇卷之别这种冷知识,知道了又有什么用呢?事实上,这种差别反映了当时的社会思潮和学术主流是什么,也就是时人头脑中何者为重、何者为轻。

仍以《汉书·艺文志》为例,以卷为单位的书,大致反映出两种文化:第一,以保存和阐扬诗书礼乐传统为职责的儒家文化;第二,以数术方技之学为核心的实用技术文化。

儒家经典重要,可以理解,为啥数术方技这类"迷信"也写在昂贵的缣帛上?这是古代汉人的世界观、宇宙观被阴阳五行学说主导的结果。

先秦时期形成的阴阳五行说,是当时关于宇宙生成的理论,发展到后来，成为指导人类行为的基本原理。在汉代，从政治、军事，到农业、天文历法等领域，没有一项不和阴阳五行说相联系。五行说是以木、火、土、金、水五种元素，作为构成宇宙万物及其现象发生无限变化的基础。这五种元素的形式，在天上形成五星，即木星、火星、土星、金星和水星；在地上就是木、火、土、金、水这五种物质；对于人来说，就是仁、义、礼、智、信这五种德性。天上的木星有了变化，就会使地上的木和人心的仁都发生变化。

这样，天、地、人三界在五行说的联系下便互相影响起来。因此，举凡星云气象的异常、地震水灾的发生、天气时令的反常，在汉人眼里，都与政治上的问题、人君的行为紧密相关，都是不可小觑的大事，上至皇帝大臣，下到平民百姓，无不重视。他们相信，日月星辰的变动是上天在对人间作指示。比如，《汉五星彗客行事占验》8卷，通过对木星、金星、火星、土星、水星这五星以及彗星、客星（新出现的星）的运行，来占卜时事吉凶，预测吉凶祸福，带有占星术的性质。

星气之占是很神圣和极重要的。观象成书，必要以帛书为载体，方能体现出对上天的敬重和对占卜结果的珍视。另外，星图、星象势必需要配图展示，使用缣帛也是实际所需。

藏在竹简和缣帛中的秘密，就在于此。

小贴士

与《汉书·艺文志》有关的注释书,可以参看姚振宗《汉书艺文志条理》、张舜徽《汉书艺文志通释》、顾实《汉书艺文志讲疏》、李零《兰台万卷》。其中,《兰台万卷》是普及性读物,语言全用白话,浅显易懂。该书在说明论证时,不罗列各种前人注释,而是直下判断,读起来非常痛快。

为什么要想象？想虎想马不行吗？

走近古文字（上） 形的演变

初夏的一天，我沿着北京的北海骑车，在人行道旁遇到这样一出小小的插曲。在老城区的许多地方房屋建在高出马路的台阶上，孩子们坐在外边写作业，老人在缝衣服等等。

在房子的外面有人修了特别好看的小花圃，和双人床差不多大小。玫瑰飘香，蔓生植物爬向屋顶。在架子上有仙人掌和兰花，还种着几盆青蒜。……一家人正坐在小板凳上吃晚饭，我跳下车，和他们谈论起花。

"是谁修了这个花圃？"我问。

男人自豪地笑了，指着自己的鼻子：是我。

这是瑞典学者林西莉20世纪留学北京时的一段经历。她通过这个生活片段引申出对汉字"自"的理解。

表示我、自己的意思时，"我们瑞典人可能会轻轻拍拍自己的胸脯，但中国人恰恰是指着鼻子。"林西莉说，因为汉字的"自"来源是"鼻"，最初的字形是一个鼻子的正面图，有鼻翼和鼻梁。

这说明，文字的产生很自然，本于生活，起自图画。最初的文字是可以读出来的图画，但图画却不一定能读。

正如学者唐兰所说,上古的人类先是绘画,内容大概是动物跟人像。随着社会发展,居处安定,国家产生,战争频仍,交通繁复,人与人之间的关系密切起来,不同地区的语言混合成较普通较广泛的语言。在这个时候,有人画出一只老虎,任何人见了都会叫作"虎"。有了图画,加上了统一的语言,空气、土壤都具备了,文字就发芽了。

汉字是形音义的结合体。而这个结合体不是固定不变的。字形从繁到简,字音从轻到浊,字义从此到彼,在成千上万年的历史中,一直是流转不居的。尤其字形的变化,最直观,很多字的字形都经过了翻天覆地的变化。比如今天的"为"字,在甲骨文里,是一只手牵着大象的鼻子。为啥这么写?还是来自生活。

以前小学课本里有《黄河象》这篇文章,以化石为例证明几千年前黄河流域的大象很多。人们驯服它们去干活。为字本义就是干活、作为。后来随着环境的变化,象群离开了,人们很想它们,于是就有了想象这个词。

再看为字。到了商周铜器铭文里,为字里的象已经简化得不太像大象了,手也变成了爪;战国时期,很多为字把象的躯干部分省去,只剩下头部;到了小篆,到了隶书,到了楷书,不断演化,变成繁体的"為"字;最后简化为"为"字。

由此可见,文字字形演化的过程,刚开始总是很细微的,不易察觉。笔画肥一点、瘦一些、长一点、短一些,这加几笔、那减几笔,每次一点小变化,时间一久,经过若干人、若干年的模仿和改易，差别就明显起来，变成一种新体了。

一般人不明白这一点，东汉许慎在《说文解字序》里说，当时不少人就声称秦的隶书自打仓颉造字时就是这样了，理由是："父子相传，何得改易？"这种短视的观点，正是没有看到文字的演化不是发生在一两代人的工夫，而是长期、缓慢的演变。就好像只看见某人一生中两三年的容貌，难道就能说这个人一直长这个样子吗？

如果不了解这一点，就会闹笑话。清代小说《谐铎》里有个人就说了，仓颉造字造错了吧？比如"射"字，有寸、有身，分明是"矮"的意思；"矮"字里有委、有矢，才应该是"射"呀。

殊不知，射也好、矮也罢，分别经历了很多演变，才变成今天的样子，不能拿今天的字形来说昨天的意义。拿着旧船票，是无论如何也登不上新客船的。

小贴士

文字学著作推荐唐兰《中国文字学》、裘锡圭《文字学概要》、林西莉《汉字王国》。前两本学术价值很高，但并不难读，因为有教科书的功能在内；后一本是外国人眼里的汉字演变过程，角度清新，文笔晓畅，更适合入门者、初学者。

穿越到唐朝,谁去最合适?

走近古文字(中) 音的定准

如果时间机器发明出来了,相信很多人都想回到盛唐去看看。但什么人去最合适呢?广东人。因为粤语和唐朝人说的话很像,不会语言不通。

字形在不断变化,字音也没闲着,也在发展变化。古音不同于今音。比如,张九龄的《感遇其一》后两句:"谁知林栖者,闻风坐相悦。草木本无心,何求美人折?"我们今天用普通话念起来,"悦"和"折"并不押韵,但在唐朝,他们押的都是入声韵。而粤语中就有大量的入声字音节。

这种古今异音的例子还有《敕勒歌》:"敕勒川,阴山下。天似穹庐,笼盖四野。"上学时老师要求把"野"念成"哑"这个音,这样就押韵了。

有老师教授读音当然便利,可大部分时候,文化的传播是靠书籍这位无声的老师。那么,古时候读者看书时,没有汉语拼音标注,又没有老师可问,怎么能知道这个字如何念呢?

西方的拼音文字,如英语,本身就表示音素,只要认识字母就可以拼读。汉字是一种表意体系的文字,它本身不表示音素。所以,识字教育自古以来就是中国的文化人打小必须闯过的一个重要关口。为了识字，为了有效地阅读前人的文献，给汉字注音就成为一件十分重要的事情，也是一门学问。注音方法主要有以下三种。

汉代以前，人们给汉字注音采取譬况描述的方法，即描述发音时有关发音器官的动作及发音部位的状态，如"急气""缓气""急舌""笼口"。唐代学者张守节说的"比方为音"，就是这个意思。

由于当时对人体发音器官的解剖分析还很不精细准确，对发音方法的理解也还处于朦胧状态，所以这种譬况和描述也就受到极大的限制。后来的人看了这种注音，往往不得要领，很难准确地将汉字的读音拼出来。比如，莒这个字怎么念？春秋时期，齐国大臣东郭牙对齐桓公说："口开而不阖，是言莒也。"但张着嘴不闭，能发出的音多了，怎么就能知道说的是莒呢？

后来就推出了直音法，就是用同音字或者近音字来注音。古籍里凡是说"读若""读为""某音某"的，就是指这个方法。比如"饰读若式""傅音附"。此法弊端显而易见，一来不是每个字都有同音字，二来有的同音字比要注音的那个字更加生僻难念。

所以，大概在东汉后期（2世纪），人们又发明了反切法，就是用两个字来拼读一个字。每一个汉字的字音一般都可以分为声、韵、调三部分，或者叫声母、韵母、声调。反切法的基本原理是，取前一个字的声母和后一个字的韵母（包括声调），合并起来读。比如,"东,德红切",用"德"字的声母合上"红"字的韵母一起拼,就能拼读出"东"这个音。

自从有了反切法,全部汉字的注音就成为可能,各种韵书才得以出现,中国的音韵学才能一代比一代缜密地发展下去。而其他省份的人,不会粤语,若要穿越到唐朝,不也得靠反切法才能与唐人交流?所以,反切法才真可称得上穿越必备宝典。

小贴士

音韵学著作大多难读,不容易写得通俗易懂。这方面的著作可以参看唐作藩《音韵学教程》、王力《汉语音韵学》、董同龢(hé)《汉语音韵学》。其实读不通音韵学也没关系(我会说我上学时音韵学学得稀烂吗),对于古籍阅读影响不大,作为背景知识,了解一二也就够了。

止戈为武到底错在哪里?

走近古文字（下） 义的播迁

头几年春节期间，看电视，少林寺武僧团进行了精彩的武术表演。台下有学者点评说，"武"字拆一下，是止戈为武，就是怎么能让干戈化为玉帛，让战争停止下来，这才是武字的本义。

这样解释武字，很流行。向世界传播中国文化中爱好和平、制止杀伐的基因，这事我举双手赞成，但是可以举的例子很多，偏偏"止戈为武"不在其列。

把武字的意思解释成止戈为武，曾见于东汉许慎的《说文解字》。《说文解字》虽然伟大，但错误也不少。小篆里的武字，是上戈下止。这个止字是象形，是趾的本字，表示人的脚。整个字形就是一个人扛着兵器戈行进。去干啥？去进攻，去打仗。这哪里有制止战争的意思？

当然，后世给武字赋予新的意义、新的内涵，这没问题，约定俗成即可，这恰恰说明了文字的意义是不断变化、不断丰富的。但不能因此就用今天的理解去说明过去的字义，那无异于刻舟求剑。

清代学者段玉裁说过，文字的初始阶段，先有义后有音，有了音之后才有了形,是义—音—形。而人们学习研究文字的过程正好相反,是先看到形,再得到音,知道了音才能明白义,是形—音—义。以此为对应,中国传统语言学(古人称"小学")分三门:文字学,研究字形;音韵学,研究语音;训诂学,研究语义。训是解说,诂是古言,合起来就是把古代话解释得让人容易通晓。

关于训诂的作用,清代学者陈澧(lǐ)说得好:"时有古今,犹地有东西南北。相隔远,则言语不通矣。地远则有翻译,时远则有训诂。有翻译,则能使别国如邻居;有训诂,则能使古今如旦暮。"也就是说,训诂解决的是词语古今差别的问题。

训诂之法早在春秋战国时期就开始萌芽了,到汉代有了极大的发展,确立了两种基本的体式,流传至今。一种是随着文章行文注释字义、词义、文义的注疏,一种是字典、词典之类的专著。

前者最典型的代表莫过于"四大名注":南宋裴松之《三国志注》、北魏郦道元《水经注》、南朝梁刘孝标《世说新语注》、唐李善《文选注》。他们的注解范围远远超过了对一字一词的解释,而是把诸多相关史事、其他书里的资料,大段大段地一并列上,以至于有时候注解的文字比正文还多。此外还有《十三经注疏》《史记三家注》等,后面还会详细谈,在此就不赘述了。

后者最有名的代表莫过于《说文解字》。东汉的许慎认真地解释了9353个字的意思，并说明了每个字的造字法。可以说，要想真正读懂古籍，就绝对离不开《说文解字》。20世纪八九十年代，有人问钱锺书为什么不招研究生。他说：先把《说文解字》读通了再来考研究生也不迟。

训诂方法有很多，简单说一个，因声求义，就是声音相同或相近的字，其义也相同或相近。比如，我们常说，做人要讲义气，要有道义，这个"义"字是什么意思？古人说了："义者，宜也。"用同音字"宜"来解释"义"。宜就是应该的意思。在中国人眼里，行义，就是做应该做的事。

传统训诂的弊端也不少，除了上面的"止戈为武"是典型的拆字为训之外，还有一个烦琐寡要的毛病。西汉有位学者秦恭，解释《尚书》里"曰若稽古"这4个字，竟然用了3万字。不过，一个字也没流传下来。

毛泽东说过："烦琐哲学总是要灭亡的。如经学，搞那么多注解，现在没有用了。"不过，要想从思想上彻底清除烦琐哲学，还真不容易。近年出版的某些大部头著作，对一个词的阐释，对某事物的说明，看似洋洋洒洒，实则空洞无物，比起秦恭，恐怕是有过之而无不及吧。

小贴士

训诂学的大学教科书常用周大璞的《训诂学要略》。不过，对于阅读古籍的朋友来说，更有用的书莫过于《古汉语常用字字典》。迄今，其发行量已超千万册，由著名语言学家王力、岑麒祥、林焘、戴澧、唐作藩、蒋绍愚等十余位专家学者编写，是学习古汉语、跨越文言文阅读障碍的必备工具书。

古籍也碰瓷儿

非必读古籍（上） 纬书

古为今用的前提是取其精华、去其糟粕。古籍卷帙浩繁，大致可分为必读、非必读两类。前者好比金子，后者好比沙子。沙里淘金，才能凸显金子的宝贵。但没有沙子，何来金子？甚至有时只有了解了沙子，才能更好地发掘金子、理解金子。

比如纬书，是了解经书的一条另类途径。这里的经书不是佛教书籍，是指儒家经典。儒家经典说白了，就是十三经那13种书。纬书是两汉时期附会经书而出现的，是被方术神化了的经书。制造纬书者的思路，不难理解，有白天就有黑夜，有经书就有纬书，一阴一阳嘛。

我们熟悉的儒家七经——《易》《书》《诗》《礼》《乐》《孝经》《春秋》，都被纬书"碰瓷"了。

《易》纬有《稽览图》《乾凿度》《坤灵图》《通卦验》《是类谋》《辨终备》。

《书》纬有《璇玑钤》《考灵曜》《刑德放》《帝命验》《运期授》。

《诗》纬有《推度灾》《氾历枢》《含神务》。

《礼》纬有《含文嘉》《稽命徵》《斗威仪》。

《乐》纬有《动声仪》《稽耀嘉》《汁图徵》。

《孝经》纬有《援神契》《钩命决》。

《春秋》纬有《演孔图》《元命包》《文耀钩》《运斗枢》《感精符》《合诚图》《考异邮》《保乾图》《汉含孳（zī）》《佑助期》《握诚图》《潜谭巴》《说题辞》。这七纬一共有35种书。

看得出来，这些书名起得下了一番功夫，云遮雾罩，不可通晓，让你弄不清楚书的内容是什么。明代学者胡应麟在《四部正讹》中引用的一句评语说得很恰当："以艰深之词，文浅易之说。"故作艰深，掩饰内容的浅易。

不光浅易，这些书的内容还很虚妄，多是些秦亡汉兴的谶语——两汉之际很流行的政治预言。比如，《易》纬《通卦验》里，孔子居然说出"亡秦者胡也"这样的话。孔子难不成成预言家了？

那么，这些书是怎么来的呢？古人有两种说法，一种是天授秘书，是神龟口衔、巨龙背负来的；一种是孔子写的。前者虚诞，后者硬靠，都是编造出来骗人的。

前人早已指出，纬书是托古作伪。东汉学者张衡，就是发明地动仪的那位，举《春秋元命包》这本书为例，说里面提到"益州"，可益州的设置是在汉朝啊，春秋时期何来此名？更遑论文中前后矛盾，伪造圣人之言了。于是，他认定纬书是虚伪之徒胡编乱造，"要世取资"的。就跟后世不良书商蹭金庸、古龙热度，炮制"全庸""古龙巨"一个性质。

揭露纬书作伪，张衡批得很尖锐：你既然要用方术解释王朝兴替，那么律历、卦候、九宫、风角之类的学问不肯学习，说自己的书是不占之书，空口说白话谁不会？这就跟有的画工一样，不画犬马画鬼怪，就是因为实际事物不容易画，而编造的东西想怎么画就怎么画。

所以，"蹭热度来的"纬书，从学术上讲，虚妄的内容决定了无存在价值，很快就没人看了；从政治上说，预言王朝兴替，既为新统治者所用，又为其所惧，官方查禁也就合乎情理了。今天存世的纬书，都是辑佚之作，比如清代黄奭（shì）《通纬》、赵在翰《七纬》、马国翰《玉函山房辑佚书》等。

纬书对经书的解说属于穿凿附会，固然不值一读，但不能说一点儿价值没有，它毕竟是汉朝人写的，反映了时人的思想状况，并且在训诂上也有不少可取之处。比如，我们今天说"江山社稷"，社稷是什么意思？《孝经援神契》说了："社为土神，稷为谷神。"沿用至今。

小贴士

纬书本身没什么可读的，但围绕纬书的社会思想问题，就值得了解了。这方面的书可以参看日本学者安居香山的《纬书与中国神秘思想》、近代学者姜忠奎的《纬史论微》。其中，后者为系统叙述纬学源流历史的著作，博引载籍，凡谶纬之名义、渊流、流变、关节，无不细密考证，可见功力之深稳。

黄帝懂按摩吗?

非必读古籍(中) 方术

那年利玛窦来中国,差点儿没进成北京。咋回事儿?他的行李中有个十字架,耶稣的塑像被钉在其上。天津税监太监马堂一看就怒了,你这是扎针行巫术,想害我们皇上吗?

好说歹说,利玛窦总算是过关见到了万历皇帝,留在了中国。在发展信徒的过程中,利玛窦最看不上方术,认为他带来的科学优越于方术并能取代方术,以此想打击中华文化,进而传播宗教。结果当然是让他失望了。

从马堂的"孤陋寡闻"和利玛窦对抗方术的失败,透露出一个信息:方术思想对中国人的影响很深。前文说纬书是经书被方术神化的产物,那么什么是方术呢?方术就是数术、方技的统称,是古代的实用技术,主要内容包括两个方面:数术研究宇宙,方技研究生命。

可以说,这二者是打着引号的自然科学。方术中毕竟包含天文、历法、数学等早期的自然科学,不能一概目之为迷信,但其研究的方式和工具,充斥着占卜、巫术和不靠谱的医术,自然不能算是科学。

以《汉书·艺文志》的著录为例,数术类的书,有讲占星术的《泰壹杂子星》、讲阴阳五行的《阴阳五行时令》、言灾异的《务成子灾异应》、卜算的《龟书》、解梦的《黄帝长柳占梦》、相面的《相人》，等等，内容驳杂。

方技类的书，多是医书医方，讲治病养生、保健饮食的，如《黄帝、岐伯按摩》《风寒热十六病方》《妇人婴儿方》《黄帝杂子芝菌》等。从中可以看出，中国传统养生理念不强调吃药，主张"养"，如行气、导引、房中，注重平时的调养。神仙家虽然强调吃药，但不是吃草木之药，而是服用朱砂、金玉、芝菌、金丹大药，以及据说有长寿功效的其他动植物和矿物，目的是不老成仙。它们和医学的关系，有点儿像占卜与天文历法的关系。

虽然方术古籍也曾蔚为大观，但绝大部分都没有流传下来。道理也很简单，就好比讲硬盘操作系统（DOS）的书，二三十年前卖得很好，不过很快就成为明日黄花了。实用技术一旦时过境迁，就变得一文不值了。

秦始皇焚书坑儒，把民间的《诗经》《尚书》以及诸子百家之书都禁了，对于医卜农桑的书并不禁绝。但两千年过去，《诗经》《尚书》和诸子百家的书大部分都流传下来了，而医书、算卦书、农业技术手册基本上都亡佚了。可见古籍真正的生命力，有时并不在当世显现出来。

即便如此，对方术书也要辩证地看。方术并非一无是处。比如四大发明中，指南针源于式占——一种用"式"进行时日选择的占卜，火药脱胎自炼丹术，二者直接来自方术之学。

方术固然有积极的意义，而且一度受到最高统治者的推崇——方士李少翁为汉武帝宠妃李夫人招魂、道士罗公远给唐玄宗捉妖召龙——但中国传统的主流学界对于方术的态度，是逐渐看轻的。

《汉书·艺文志》把当时的书分为六大类，其中两大类都是方术——数术略和方技略。可隋唐之后，按照经史子集的四部分类法，方术书的阵地逐渐蜷缩到子部底下的一个小分支里去了。可见，正经读书人是不看这类书的。那什么人看呢？官方机构里，司天监、太医院里的工作人员可能会看，另外就是江湖术士、愚夫愚妇了。

历史上的方术书虽然湮灭了，但时至今日，方术的土壤和粉丝仍然存在，因为方术能满足两个需求——算命、看病，解决人生前途和养生长寿两大人生命题，尽管这种满足是扭曲的、虚幻的。所以，方术书不必读，追捧方术的人的故事，才值得一读。

 **小贴士**

方术在今天颇能得到一些人的追捧,有关的书也不少,但多为粗制滥造,没有历史根据的浮夸荒诞之作。在此推荐两本科学解读方术的书籍——李零的《中国方术考》(又叫《中国方术正考》)和《中国方术续考》,还原方术本来面目,廓清笼罩其上的迷信意味,恢复方术在思想史上应有的地位。当然,就算只从猎奇角度看这两本书,也会产生"奇怪的知识又增加了"的收获。

唐开国靠的是祥瑞吗?

非必读古籍(下) 杂书

有位朋友说过,中国那么大,不可能所有地方都去,有的地方只有因公出差才会去。古籍也是如此,有的只是研究写论文、著述查资料才会去翻。

清代修《四库全书》,收录什么书籍是分等级的,这也从一个侧面反映出古书的可读程度。其凡例中说:那些既有意义又有意思的书,一部不落全登;次一些的书,有些小问题,但瑕不掩瑜,也登上;写得不怎么样,内容还违背"主流价值观"的,登个书名拉倒,下面还要指出其问题所在;至于寻常普通的书,没人赞也没人踩,考虑到其流传也有阵子了,姑且存目备考吧。

这最后一类书,往往内容芜杂,形同后世"剪刀加糨糊"的产物,古人都看不上,今人还要看吗?而且多充斥神怪无稽之谈。《聊斋志异》也说鬼谈狐,但有深刻的社会意义和文学价值,不可同日而语。

比如,北宋时期有本书《广卓异记》,就是这类内容七拼八凑、错误百出的书的代表。作者乐史,自称要把唐代君臣灵异之事一网打尽。书中都记了些什么灵异的事呢?

有这样一件。武则天的父亲武士彟(yuē),隋时为晋阳宫留守司录参军。他的上司就是后来的唐太祖李渊，李渊当时的爵位是唐国公。有一天，武士彟独自一人在街上走，突然听见空中传来声音说：唐公是天子。武士彟四下寻找，不见有人，于是就把这话告诉了李渊。李渊很高兴，说咱自己知道就行了，不要多说啊。这天夜里，武士彟还梦见李渊骑着白马上天了。有了这些吉兆，李渊就起义了。

乐史说这则故事采自《唐书》。但翻看《旧唐书·武士彟传》，发现是这么记载的：李渊起事的时候，武士彟之前并不知道，等到天下初定之际，他去跟李渊说：我曾经梦见您率军攻入长安，升为天子。李渊不屑地说：你是隋朝派来监视我的王威的人……如今看到大事已成，才说些迂诞的事情来谄媚我吗？

这话太打脸了，史书所言与乐史所记完全相悖，这清楚地说明，武士彟借祥瑞、预言以谄李渊的投机做法根本不被李渊所重。而乐史歪曲了史实，把史料改头换面，变成了李渊因有天命的降临而起兵。

《四库全书总目提要》的撰写者多为一时俊杰，如戴震、邵晋涵、周永年、姚鼐等人。他们撰写的提要质量高，对前人之失多有订正。他们评价乐史此书，没用什么好词儿，如"牵引驳杂，讹谬亦多""神怪无稽，颇为芜杂"等。

四库馆臣奉旨读书写提要，碰上好书，读着评着，心情舒畅;碰上烂书,心里也憋气,评着评着就来情绪了:"所言不出全家登仙,祖孙兄弟登仙,及三世四世五世登仙,四人六人七人登仙之类。重复支离,尤不足信!"

类似的现象,南宋学者洪迈也发现了。他在《容斋随笔》中写道:流俗所传浅陋虚妄的书,如《云仙散录》《老杜事实》《开元天宝遗事》之类,都极其可笑,但是却有人相信。

《开元天宝遗事》里说,姚崇在开元初年成为翰林学士。不对,姚崇在武则天时期已经担任宰相了,到开元初年已经当过三次宰相了,怎么会才成为翰林学士呢?还说,杨国忠显赫时,满朝文武争着巴结他以求富贵,只有张九龄不曾登过他的门。拜托,张九龄罢相十年之后,杨国忠才得到官职啊。

洪迈很生气,痛斥道,这些都是明显的史事错误,浅薄、经不起推敲,很可能贻误后学。近年来有的地方刊刻了《开元天宝遗事》《云仙散录》等书,都应该毁版。

这再次提醒我们读古籍前一定要读目录和前人的读书笔记,避开杂书、烂书。写提要的人已经痛苦过一次了,咱们还要受二茬罪吗?

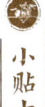
小贴士

对古籍中不实之处进行考证、纠谬的书不少,尤以乾嘉考据学者最为出名。如王念孙《读书杂志》、王引之《经义述闻》、钱大昕《廿二史考异》、王鸣盛《十七史商榷》、赵翼《廿二史札记》等。当然,对古籍进行大规模评价的莫过于《四库全书总目提要》了,四库馆臣对好书自然优赏有加,对于烂书,贬斥起来也是毫不留情、一针见血。

集部琳琅

子书纷纭

外篇

（子曰诗云）

经学源流

史籍浩荡

《说文解字》教洗脸

经学源流(一)

阅读古籍,即便是古人,也会遇到不少困难。

清代学者戴震,小时候家里穷,请不起老师,自己找了本古籍看,茫茫然不知所云。戴震上下求索了一番,终于想明白了:古代经典著作讲的都是最高道理,道理是用词语讲述的,词语是由具体的文字组成的。所以,求学之路应是,先学文字,再弄明白词汇,再研究道理。而要想把中国的文字学全学透,非得把东汉学者许慎写的《说文解字》啃上三年不可。

戴震确实天资聪颖,他悟出来的道理,后来得到了验证。

训诂学泰斗陆宗达在北京大学求学的时候,老师是国学大师黄侃。说是老师,见面后,黄侃别的没说,只给他一本没有标点的《说文解字》,说道:点上标点,点完见我。

陆宗达依言而行。大半年后,陆宗达才交上作业。黄侃翻了翻那本已经让陆宗达读得卷了边的书说:再买一本,重新点上。

三个月后,陆宗达去见黄侃,送上第二本已经被他圈点得不成样子的《说文解字》。黄侃看了看,点头说道:再买一本,做好标点。

一个月后，陆宗达再次将作业交给黄侃后说：老师，是不是还要再标点一本？

黄侃说：已经标点了3次，《说文解字》你已烂熟于心，这文字之学你已得了大半，不用再点了。以后做学问也用不着总翻这书了。

许多年后，陆宗达回忆自己的学习历程时说，正因当年翻烂了3本《说文解字》，之后做起学问来，轻松得如庖丁解牛，游刃有余。

前辈学者如此看重的《说文解字》，是中国第一本字典，许慎认真地解释了9353个字的意思。这本书脱稿于汉和帝永元十二年（100年），到汉安帝建光元年（121年），病中的许慎才让儿子进献给国家。从脱稿到写定，许慎用了20多年。

为啥投入这么大精力写这本书？许慎自己说了，当时人看古籍，遇上不明白的字，望文生义，或者勉强解释以求让字词之义符合自己的想法。比如把"长"字解释为马头人，"斗"字解释为人拿着十字，"虫"是屈中的意思，纯粹是胡说八道。为了纠正时弊，许慎决心好好解释一下文字之义。

在《说文解字》中，许慎运用当时盛行的指事、象形、形声、会意、转注、假借的六书理论，系统解释字形、字义，并且在分析形声、假借以及注明音读时旁涉字音，从而在文字、音韵、训诂三方面对汉字进行了深入解读。

有多深入呢？许慎分析文字形体结构的依据主要是小篆。小篆是古文字最后一个阶段的形体，处于承上启下的地位。抓住这个关键，便于弄清汉字发展演变的源流。因此，《说文解字》的解释往往保存了汉字的古老含义，很有意思。

比如潘这个字，什么意思呢？今天我们想得最多的就是姓氏了。许慎的解释是："潘，淅米汁也。一曰潘水，在河南荥阳。"淅米汁就是淘米水，古人用来洗脸。《礼记》讲敬老的礼节，说孝子若看到父母脸脏了，就要把淘米水加热为他们洗脸。

淘米水的洗涤之用，真是贯穿今古。笔者上小学时，在教室和同学打闹，不小心碰翻了一瓶墨汁，把一位同学的书包给染了。怎么办？我把书包拿回家，用水洗，怎么洗也洗不干净。最后，母亲烧了一锅米粥，这才把墨渍洗得非常淡。书包上的墨都能洗掉，何况脸上的污垢呢？好潘！

流传后世的除了淘米水，还有《说文解字》首创的按部首分类、编排汉字的方法。全书设立540个部首，虽然失之主观、疏略的地方不少，但影响极为深远，直到今天仍为字典编纂、检字的重要方法。

当然，解释那么多字，许慎也有"偷懒"的时候。遇上同类的事物，他往往就"合并同类项"了。

比如这几个字。兰，香草也。薰，香草也。芳，香草也。菅（jiān），香草也。葰（shè），香草也。

还有这几个字。棲（qī，今为"栖"），痛也。悲，痛也。惜，痛也。愍（mǐn），痛也。慇（yīn，今为"殷"），痛也。

从执简驭繁的角度来说，这样的解释方法有利于汉字的快速学习，能够迅速掌握一批文字的意义。当然，先知道个大概意思，确切含义日后还要再探讨，不然就成了不求甚解了。

总之，要想真正读懂古籍，就绝对离不开《说文解字》。

小贴士

《说文解字》最权威的注本，莫过于清代学者段玉裁的《说文解字注》了。该书全面阐述了汉字的构造原则，亦多有创见。书后所附"六书音韵表"，根据《诗经》的用韵情况，分古韵为六类17部，也是古音学的重要著作。今人比较好的解读书有黄天树的《说文解字通论》，这本书逐个讲解《说文解字》全部540个部首，并且善用出土古文字材料，用"地下之材料"印证或纠正"纸上之材料"，使学习者对《说文解字》的理解更为深入。

一套十三经，半壁四库书

经学源流（二）

"由字以通其词，由词以通其道"，这是清代学者戴震阅读《说文解字》得出的结论。但他并不满足于此书，还怀疑许慎讲解得不够全面。于是，戴震又找朋友借来《十三经注疏》去读，才明白欲探求一字之义，应当遍览群书。

这套让戴震彻底开窍的《十三经注疏》可了不得，那是过去两千年读书人心目中地位最高的经典。

今天一提经典，使用得有些宽泛。过去，长期习惯把儒家一些重要著作视为经典，称之为"经"。

"经"是什么意思呢？许慎《说文解字》说："经，织也。"清朝学者段玉裁注解说，经是指织布时的竖线，只有先把竖线排好，才能用横着的纬线织出布来。古人由此引申认为，儒家思想及其有关著作是社会秩序得以维持的根本保证，是官方意识形态的核心，因此称为经。东汉班固在《白虎通义》中进一步发挥说，经是"常""常道"的意思，指永恒不变的道理。所谓离经叛道，指离开经的范畴，就是背叛正道。

事实上，把典籍称为经，并不始于、限于儒家著作。《庄子》《国语》等书中提到，先秦时期的经书并非专指儒家著作，庄子就把墨子的著作称为《墨经》。此外，佛教有佛经，伊斯兰教有《可兰经》，道教把《老子》叫作《道德经》、把《庄子》称为《南华真经》。

随着思想文化的发展，王朝出于政治上的需要，才逐渐把经书限定于儒家的重要典籍。也就是说，经典是官方选择的结果。特别是到了汉武帝时，朝廷确立了"罢黜百家、独尊儒术"的方针，从此儒家思想及其著作便上升到唯我独尊的"经典"地位了。

那么十三经是怎么形成的呢？十三经不是一开始就出现的，而是经历了一个6—7—9—12—13的过程。

先有的是六经。春秋战国时期，社会上主要流传6种文献典籍——《诗》《书》《礼》《乐》《易》《春秋》，称为六艺，后来称为六经，主要是儒家在推崇，并声称是孔子删定的。《乐》在战国后期就失传了，所以汉武帝时只立了其他5部书的五经博士。这些博士都是对其中某一部书进行专门研究的学者，他们还开课收徒，传授一家一门的解释。

由于汉朝官方标榜"以孝治天下"，加上孔子地位上升，所以东汉时，在五经基础上加入《孝经》《论语》，变为七经，作为读书人的必读书。

到了唐朝，出现九经之说，包括《诗》《书》《易》《周礼》《仪礼》《礼记》《春秋公羊传》《春秋谷梁传》《春秋左氏传》9部书。之前的《礼》和《春秋》一分为三，把古代阐述经义的书籍都包括到经的范围里了。同时，《论语》《孝经》也是要求读书人必读的，称为"兼经"。

唐文宗年间（826—840年），朝廷下令把九经和《论语》《孝经》《尔雅》都刻在石碑上，总共12部书，称为十二经。这些经书刻石就是"开成石经"，共114石、228面，所刻12部儒家经书，共计160卷、65万多字，有"石质图书馆"之美称，目前保存在陕西西安碑林博物馆。

到了宋朝，学界把《孟子》也提高到经书的地位。宋哲宗时期的科举考试中，就包括《孟子》了。从此，儒家经典便成为十三经了。

这13部书，真是标靶式著作，汉朝及以后的学者进行了大量的注解、阐释工作，称为注或笺。到了唐宋时期，因为时间久远，当时人对于汉代人的注解也看不大懂了，于是一些学者不仅注解经传的正文，而且对前人的注解也进行了注解和阐发。这些注解的注解，称为"疏"或"正义"。

南宋以后，有人把十三经和比较好的注、疏合刻在一起，形成一套书，就是《十三经注疏》。

十三经各书篇幅大不相同。长的如《春秋左氏传》，也就是《左传》，近20万字；其次是《礼记》，近10万字；最短的是《孝经》，仅1800字，因为太短了，以至于科举考试一般都不考它。

但给《孝经》做注解的人,在十三经所有注家里地位最高的,就是唐玄宗。

围绕这13部书,中国古代读书人投入了太多的精力去研究、校补、注释、阐发,写了很多叠床架屋的著作,形成了蔚为大观的经部书籍。《四库全书》分经、史、子、集四部,共收书3400多种,而经部书就有1700多种,占据了半壁江山,足见十三经在古人心目中、在传统文化上的重要地位。

小贴士

现在流传的历代《十三经注疏》,一般认为清嘉庆年间阮元主持校刻的《重刊宋本十三经注疏附校勘记》南昌府学本是较精善的通行本,但不是普通读者的选择。推荐一篇文章——杜泽逊的《十三经注疏汇校缘起》,这篇文章把十三经古注、释文、义疏的形成过程说得很清楚。另外,应该读一些介绍经学整体情况的著作,如皮锡瑞的《经学历史》。

讲述咱老百姓自己的爱情故事

经学源流（三）

别看东晋政治家谢安在淝水之战中立下不世之功，但他有些惧内。这不，他想纳妾，但夫人刘氏不同意，谢安就没辙。

谢安的侄子来劝婶子，说《诗经》里《关雎》一诗很好，宣扬妇女应有不妒忌的品德，您就同意了吧。

刘氏问他，《关雎》是谁写的？

侄子说，周公写的。

刘氏说，周公是男人，当然这样宣扬，若是周姥（周公夫人）来写，那肯定是另外一番模样。

这个故事见于唐代《艺文类聚》一书。其中提到的《关雎》大家都很熟悉，《诗经》第一篇，第一句"关关雎鸠，在河之洲。窈窕淑女，君子好逑"已经成为千古名句了。

谢安家里发生的这件事，说明当时人仍有"说事先赋诗"的表达习惯。

何谓"说事先赋诗"？这就是孔子教导儿子时说的，不学《诗经》，就无法和人交谈。先秦尤其是春秋时期，人们在日常交流、君臣问对、外交酬酢时，一般不把想说的话直接说出，而是先引用《诗经》里的话当作开场白。当然，引用的诗句要和当下语境相契合。

《左传》记载，吴国军队杀入楚国，楚国难以抵挡，派大臣申包胥到秦国搬救兵。秦哀公不肯发兵。申包胥立于庭院墙下，不吃不喝昼夜痛哭，七天七夜不绝其声。秦哀公被感动了，不直说，用《诗经》里《无衣》这首诗给以答复，表示愿意出兵。

怎么看出愿意出兵的？听听《无衣》怎么唱的就知道了："岂曰无衣？与子同袍。王于兴师，修我戈矛，与子同仇！"怎能说没有战袍？我提供。我会调集军队，修齐武备，和你们同仇敌忾。后来，军队中称赞战友之情，就用同袍、袍泽来形容。

回过头来，有朋友可能问了，《关雎》不是情诗吗？跟妇女妒忌问题有关系吗？当然没关系，而且诗也不是周公写的。

事实上，《诗经》里收的305首诗，在位列儒家经典之后，被历代注解者附会了很多臆造的东西。在他们看来，神圣的经典与世俗的情感扞格不入，先贤作诗，必有政治上的深远意图。

在这种解诗路径的支配下，学者们分析《关雎》，有的说是写周文王想念未婚妻姒氏，有的说是写姒氏为周文王得到妃嫔而高兴——颂扬姒氏宽容不嫉妒——这是谢安侄子与刘氏对话的基础背景，就不足为奇了。

好在今天，研究者已经廓清了叠加在《诗经》上的不实之词，大体还原了这些先秦诗歌的本来面目。

比如《汉广》："南有乔木，不可休思。汉有游女，不可求思。"前人解释说,商纣王时天下礼崩乐坏,社会上充斥禽兽之行,只有江汉流域风俗美好,因为那里浸润着文王之道。其实这首诗讲的是一个青年男子邂逅了一个漂亮女子,无从和她认识,天天思恋,属于古今皆有的单相思。

又如《野有死麕（jūn）》:"野有死麕,白茅包之。有女怀春,吉士诱之。"前人解释说,这又是商纣王时期,天下大乱,风俗败坏,男女之间奔走失节,举动轻狂。其实这诗远没有那么复杂,讲的不过是两情相悦,与后世的"金风玉露一相逢,便胜却人间无数"异曲同工。

再如《静女》:"静女其姝,俟我于城隅。爱而不见,搔首踟蹰。"前人解释说,这是讽刺时事,骂春秋时卫国君主是个无道昏君,夫人也无德失节。全是道学偏见。这就是在写情人约会的场景,不必和讥刺国君无德相勾连。

作为世界第一部诗歌总集,《诗经》所收诗篇,上起西周,下至春秋中叶,跨越了600多年,分为风、雅、颂三大类,其中固然有赞美君王事业的诗篇,但更有质朴纯良的民间诗歌。后者以《风》为代表,共有十五国风,160首。前者以《雅》《颂》为代表,其中,《雅》分《大雅》《小雅》,多是西周王室贵族以及一般贵族士人的作品;《颂》分《周颂》《鲁颂》《商颂》,多是统治者用于祭祀的庙堂乐歌。

古人早期对《诗经》的评价,还是很客观的,比如今天引用率很高的孔子说的这句话:"《诗》三百,一言以蔽之,曰思无邪。""思无邪"一词是《诗经·鲁颂》里的话,孔子这是引《诗》评《诗》,意思是《诗经》全部作品的大体思想是纯正的,没有那么多弯弯绕。

以这样的眼光来读《诗经》,来看以《关雎》为代表的一系列民间情诗,就用不着再在文王们、姒氏们身上找微言大义、钻牛角尖了。爱情,不是帝王家庭的专属品;《诗经》,讲述的是咱老百姓自己的爱情故事。

小贴士

《诗经》的解读著作可谓汗牛充栋,介绍几部靠谱的书,如《顾随讲〈诗经〉》、《流沙河讲诗经》、余冠英《诗经选》、《闻一多诗经讲义》、金性尧《闲坐说诗经》等。此外,日本学者细井徇的《思无邪——诗经名物图解》,为200多种《诗经》里提到的名物图配上相对应的《诗经》篇目,图文对照,相得益彰。与之类似的还有潘富俊的《诗经植物图鉴》。

腮帮子也能算卦

经学源流（四）

马走日、象走田，过河卒子不回头……下象棋，如果没人教规则，自己是琢磨不出来的。假如一千年来，这个世界一直没有象棋，突然哪个古代遗址里挖出一副来，谁会下？

占卜、算命的规则也可如是观。这个世界，这个社会，有太多个人掌控不了的因素，有太多个人决定不了的事情。打仗能否打赢？过几天能否下雨？有人就去求助占卜。外国有塔罗牌、水晶球；在古代中国，有两种主要的占卜术，一种是卜，一种是筮（shì）。

卜是龟卜，就是根据龟甲牛骨上烧过的裂纹判断吉凶。筮是占筮，主要是用一种蓍（shī）草做工具来占卜。

那么，古时候占筮的具体操作方式是什么呢？用蓍草怎么算出吉凶呢？对此只能说，目前我们发现的顶多是副象棋，怎么玩，不知道。

我们知道的是，《周易》是占筮的一种。好比麻将有四川麻将、广东麻将等不同，占筮也有地区差异。《周易》，顾名思义，是周人的易，不是殷人的易。但是商代有周邦，周代分为西周、东周，《周易》是哪个周？还是不知道。只知道当时还有《连山》

《归藏》等其他筮占书。《周易》脱颖而出，自汉代起被奉为儒家经典，与孔子的看重和选择有关。

今天的《周易》一书，包括本经和易传。

《周易》最基本的东西是两个符号——阴和阳，"—"代表阳，"--"代表阴。这两个符号，通过不同组合形式连叠三层，组成八卦：☰（乾）、☷（坤）、☵（坎）、☳（震）、☴（巽）、☲（离）、☶（艮）、☱（兑）。

这8个卦两两组合互相重叠，又形成六十四卦。六十四卦中，每个卦有6个符号，称为六爻，从下往上数，第一爻叫初爻，第二、三、四、五爻仍用二、三、四、五为名，最上一爻叫上爻。某一爻如果是阳爻"—"，就叫九；如果是阴爻"--"，就叫六。初爻叫初九或初六，上爻就叫上九或上六。其余就是九二或六二，九三或六三，等等。

每一个卦都有解释，叫卦辞；每一个爻也都有解释，叫爻辞。六十四卦的卦辞和爻辞，就是《周易》本经的部分。

易传指《彖》（上下）、《象》（上下）、《系辞》（上下）、《文言》、《说卦》、《序卦》、《杂卦》，即所谓"七种十翼"。在易传的阐释下，《易经》才成为中国自然哲学的源泉之一。

清华大学校训"自强不息，厚德载物"就是来自易传中对乾坤二卦的解释："天行健，君子以自强不息。地势坤，君子以厚德载物。"

传统认为，卦辞、爻辞、易传，都是孔子写的，因为圣人无所不能、无所不会。经过近现代学者的考证，可以肯定易经、易传都不是孔子所作。卦辞、爻辞是古代卜史之官所掌管的原始筮占之辞，经后人编纂而成。易传七种十篇，作非一人，成非一时，包括了战国后期以至秦汉间学者对易经的解释，其中绝大多数都是引申发挥，忠于原意的很少。

虽然孔子没写《周易》，但他很喜欢读《周易》，尤其是晚年。《论语·述而》里说："加我数年，五十以学《易》，可以无大过矣。"司马迁说，孔子读《易》，韦编三绝，把串联竹简的牛皮绳翻断了好多次。

《周易》是占卜书，但古人也不是完全信从。

《国语》里记载，晋文公重耳流亡期间，用《周易》占筮，看自己能不能返回晋国为君，结果得到"屯之豫"。占筮人说：哎呀，不吉利啊，回不去啊。随从司空季子却说：没有比这个卦更吉利的啦，肯定能回去。

同一占筮结果，解释竟然可以相反。不是《周易》灵不灵的问题，而是解释者能否结合事理情境做出合适的推断。可见古人对于《周易》，是采取灵活运用而不盲从的态度。

今天，《周易》有两种读法，一种用它来占卜算命，把《周易》当成工具，解卦之人根据实际情况借题发挥。另一种是像孔子一样，把它当哲学来看，品读古人眼里的天地造化、人事休咎，体味古人总结出来的人生感悟。

《论语》记载，孔子在和弟子谈话时，引用了《周易》恒卦的一个爻辞"不恒其德，或承之羞"。恒卦讲的是要坚守妇道，这个爻辞是强调女人要从一而终，不然的话，要承受羞辱。但孔子引申说，这是叫没有恒心之人不要占卜，而且不光占卜，没有恒心什么事都办不成，进而生发出"人贵有恒"的道理。由此可见，孔子是把《周易》当哲学书来看的，并不看重占筮的方面。他的弟子子贡也说了，老师不怎么讲天道命运的事情。

此外，今天的很多表达都来自《周易》，读《周易》有助于更好地理解中文。

比如大快朵颐这个成语，大家都知道是什么意思。但"朵颐"是什么意思，就不好理解了。这个词是占卜术语，除了《易经》的颐卦外，极少见。颐卦讲的相术很特殊，是凭两颊的咀嚼动作来判断吉凶。说白了，这个卦是讲如何用腮帮子算卦的，其中用了"朵颐""颠颐""丘颐"等与两颊有关的术语。因此，"朵颐"可能是指正在咀嚼着的腮帮子。

小贴士

读《周易》，不建议读那些引申过度的书，尤其是演变成算命的书，应该看忠于文本原意的书。比如李零的《死生有命 富贵在天》，逐字逐句解读，用字不多，三言两语就讲明白了具体的字词；每章还用白话串讲，非常好读，还不失深度。此外，近人李镜池的《周易探源》，分作若干专题进行解读，值得一看。现代著作中，可以参看金景芳、吕绍刚的《周易全解》，黄寿祺、张善文的《周易译注》。

一宗跨越千年的疑案

经学源流(五)

《尚书·盘庚》里有这么一句话:"迪高后丕乃崇降弗祥。"

是不是有一种"每一个字都认识,连在一起就不知什么意思"的感觉?这么难懂,怪不得连"文起八代之衰"的韩愈,都感叹"佶屈聱牙"了。国学大师梁启超也说了,《尚书》不看注释就看不懂。

"迪"是语气助词,没有意义。"高后"是高祖、先祖的意思。"丕乃"是于是、就的意思。"崇"是重大的意思。"弗祥"是不祥、罪罚的意思。连在一起,意思是说"先祖于是就会重重地降下灾祸"。

《尚书》全书这样的晦涩难懂之处,触目皆是,让人读起来真是"横垄地拉车,一步一个坎"。原因主要是《尚书》所用词汇十分古老,行文习惯也与今天差异极大。基于此,普通读者一般不会去读。但要想深入了解传统文化,《尚书》就绕不开了。

《尚书》是汉代的叫法,以前就叫《书》。作为记言体史书,《尚书》是中国现存最早的官方档案文献资料之一,最初有多少篇,不知道,相传又是孔子删削整理出来的。

秦始皇焚书坑儒,禁绝《诗》、《书》、诸子百家著作的流传学习。济南人伏生是秦博士,焚书令下,他把《尚书》藏在墙壁之中。后来在战乱中,伏生四处流亡。直到汉初,社会安定下来,他回去找书,已经损坏10多篇,只剩29篇了。把《尚书》背下来可不容易,离开文字,就算伏生这样的学者,也无法让全书复原,只好用剩下的29篇在山东教书。

汉代通行文字是隶书,伏生之前藏起来的书是用秦篆或者古籀(zhòu)文写的。因此,伏生教书时,需把古文字翻译成"今文"。汉代立五经博士,就是用今文《尚书》做教材。

在墙壁里藏书的不只是伏生。汉武帝时期,鲁共王修宫殿,把孔子的故居拆了,从墙壁中发现了一批书籍,其中有《尚书》,是用古文字写的,就被称为古文《尚书》。这批书交到孔子的后人孔安国手里。孔安国拿古文《尚书》与今文《尚书》一对,发现多了16篇。孔安国把古文《尚书》献给国家。这种说法虽被证明是有问题的,但当时在国家悬赏征集古籍的背景下,社会上确实出现了一批真真假假的古文《尚书》。

情况有些尴尬。国家已经把今文《尚书》立学了,有三家在传授,拿着国家俸禄,教着万千子弟,形成学术垄断。古文《尚书》一来,负责校对整理的刘歆,也想把它立学。这就触动了一些人的既得利益,遭到抵制,因此,直到公元5年才得以立学。但因为古文字实在难以卒读,因此两汉之世,古文《尚书》递相传授的篇目,跟今文一样还是29篇,多出的16篇,没有师承,散失了。

董卓之乱后，社会长期动荡不安，众家《尚书》的传承遭到极大破坏。东晋时候，豫章内史梅赜（zé）向朝廷献上一部孔安国所传的《古文尚书》。这时晋元帝正打算振兴朝纲，需要学术上的成绩作为点缀。梅赜的贡献恰逢其时。于是，这部托名孔安国所传的伪《古文尚书》，堂而皇之地被立为国家学术。这部伪《古文尚书》共计58篇，是将今文29篇编辑为33篇，另外伪造了25篇。

唐代，盛世修文，整理古籍。学者孔颖达领衔撰写《五经正义》，其中的《尚书》选用的就是伪《古文尚书》。后来一路沿袭，成为十三经注疏之一。假货成为国家学术至尊，长达一千多年。

伪《古文尚书》出自谁手？不清楚，大概率是魏晋之间的学者。这部书自唐代以后，怀疑的人很多。因为真《尚书》十分难读，伪《古文尚书》文从字顺，造假嫌疑极大。朱熹就说：是伏生传的《尚书》都特别难读，不是他传的都特别平易。为啥伏生偏偏记得住难的，容易的反而全不记得？

最终使真相大白于天下的，是清代学者阎若璩（qú）。他在《尚书古文疏证》中提出"八不合"，即伪《古文尚书》与古籍不合、与史例不合、与古史不合、与古代典礼不合、与古代历法不合、与古代地理不合、与训诂不合、与义理不合。至此，学者才知流传千年的《尚书》标准本，实际是一个真伪杂糅的混合体。

又难读，又掺假，《尚书》的价值何在？

《尚书》的基本内容是君王的文告和君臣的谈话记录,内容涉及远古到周这段漫长时期的天文、地理、政治、军事、法律等方面,实际上是中国最早的政事史料汇编。

虽然难读,但其中表现出的"敬天保民""明德慎罚"的思想,对后世的民本思想影响很大。

虽然掺假,但《尚书》里的思想启发了后代治理思想中"德威兼施""宽猛相济"的观点,可谓后代政治思想的蓝本。无怪乎帝王将相以之安邦定国,士农工商以之修身待物。作为千百年来读书人的教科书,《尚书》对于中华民族性格的塑造、国人行为方式的抉择,有着重要的指导意义。

此外,后世一些常用表达,也可以从《尚书》中找到前身。比如,协和医院的命名,就取自最古老的《尚书》里"协和万邦"一语。还有"革命""民主""元首""复辟""如丧考妣""兢兢业业""有条不紊""作威作福""杀人越货""玉石俱焚"等词语都来自此书。

小贴士

公认的比较好的《尚书》译注著作有曾运乾《尚书正读》、王世舜《尚书》、屈万里《尚书集释》。经过这些大家的梳理,相信读者大致可以通读《尚书》了。关于《尚书》,还可以参看刘起釪的《尚书学史》,其对《尚书》一书的形成与流传,以及不同历史时期各派学者对《尚书》的研究情况,进行了详细的介绍。

礼多人不怪

经学源流（六）

刘邦很不爽。

自从统一天下之后，汉高祖刘邦废除了秦朝烦琐的礼法，一切从简。结果，一有什么宴会，大臣们便酗酒争功，狂呼乱叫，甚至有人拔剑击柱，乱糟糟的，很没规矩。刘邦觉得自己也太不受尊重了。

这时，儒生叔孙通说，我可以为您制定朝廷上使用的礼仪，参照古代的礼法，再吸收秦朝的一些东西，以适应今天使用。得到允许后，他拉了一支100多人的团队，设计完制度，去野外拉起绳子，立上草人，排练了一个多月。

接下来，国家开朝会，各地诸侯和满朝文武都来了。在叔孙通的导演下，整个仪式流程非常严谨。大臣们怎么排队、怎么进入殿门、怎么到台阶上站立，皇帝的车子从哪里进场、到哪里停下，都有讲究，并有专人负责导引。

仪式开始后，各级官员依次向皇帝祝贺，所有人都诚惶诚恐。行礼之后，又按着严格的礼法摆出酒宴，大臣们按照爵位高低起身给刘邦敬酒。哪一个人稍有不合礼法的举动，负责纠察的御史立即把他拉出去。整个朝会从始至终没有一个人敢喧哗乱语。

这下，刘邦心满意足地说：今天我才真正体会到了做皇帝的尊贵啊！

满足帝王的虚荣心，不是礼的唯一用途。中国历来被称为"礼仪之邦"，对礼的重视，可以说是渗透到骨子里了。

古代所谓礼仪，是个庞大的概念。上到国家政治，下到个人修养，包括敬鬼事神、区别长幼尊卑的各种规定和仪节形式。诸如政治体制、朝廷法典、天地鬼神祭祀、水旱灾害祈禳、军队征战、房舍陵墓营造，乃至衣食住行、婚丧嫁娶、言谈举止，无不与礼有关。

执礼是儒者的重要职责。孔子素以好礼、知礼著称。《史记》记载，孔子小时候跟小伙伴玩游戏，就经常铺设一些礼器，有模有样地演习礼仪动作。长大后，孔子把礼列为教育的重要内容，传授并整理当时流传的礼书。他教导儿子说，不学《诗》，就张不开嘴；不学《礼》，就迈不开腿（无法立足于社会）。

在孔子树立的重礼榜样下，儒家学者整理成书的礼学专著"三礼"——《仪礼》《礼记》《周礼》，在汉以后两千多年里，一直是国家制定礼仪制度的标杆性著作，被称为"礼经"。

《仪礼》是记载礼节仪式之书，反映的大约是战国初期的情况。《礼记》是后儒汇集而成的孔子及其后学传述礼制、论说礼义的著作，不限于仪节形式，还包括政教、礼俗，属于广义的礼。"四书五经"里"四书"所包括的《大学》《中庸》，就是出自《礼记》。

《周礼》本名《周官》，序列周代官职，涉及田制、兵制、学制、礼仪、刑法等方面的政治安排。《周礼》成书于战国时期，内容是有历史依据的，绝非凭空臆造，概括了西周至战国的情况，还包含了编纂者理想化的成分。

综合"三礼"来看，古人的礼包括吉、嘉、宾、军、凶五方面内容。

吉礼是五礼之冠，主要是对天神、地神、人鬼的祭祀典礼，又分出若干细目，如日月星辰、帝王宗庙、先圣先师、四望山川，品类繁多。今天北京的天坛建筑群，就是祭天的场所。

嘉礼是和合人际关系，沟通、联络感情的礼仪，主要有饮食之礼、婚冠之礼、贺庆之礼等。其中的冠礼就是今天说的成人礼。男子二十而冠，在冠礼中戴上特制的帽子，并获得"字"（如孔子，名丘，字仲尼）。今后，名只用于自称，除了君王、父祖，别人不能直呼其名而只能以字称呼。之前说到的叔孙通为刘邦制定朝会之礼，就属于嘉礼。

宾礼是接待宾客之礼，名目繁多。天子接见来朝的诸侯，叫朝觐之礼；四方诸侯齐会天子，既可以在京师，又可以在别地，叫会同之礼；人与人相遇行礼，叫相见礼。以前人们见面要作揖唱喏，就是相见礼。

军礼是军队操练演习、征伐出兵之礼。军队出征前有很多祭祀活动，如祭天、祭地、告庙、祭军神等；祭祀礼毕，还有誓师典礼，把出征目的和意义告知将士，揭露敌人的罪恶，强调纪律和作风，也就是战前动员。

努尔哈赤对明朝宣战，誓师时宣布"七大恨"，把明朝杀其父祖、拘杀使者、偏袒并帮助死对头等7条"罪状"，作为动员将士的内容。后来皇太极派军出征，送行时询问出征的王公、贝勒、贝子：你们有没有忘记"七大恨"？大家齐声喊道：没有忘记！群情激奋，大军出发。

此外，军队的刑赏、凯旋、阅兵、打猎等均有相应礼仪安排。

凶礼是哀悯吊唁忧患之礼，应对死亡、灾害、祸乱、衰败等情况。其中，等级分明、形式繁缛的丧礼最受重视。丧礼加上其所衍生出来的种种制度，可以说是中国古代文化的重要组成部分。

礼多人不怪，是中国人的观念。为什么这些繁文缛节流传千年不绝？用叔孙通的话说就是，礼法制度这些东西在打天下的时候用不着，但是守天下的时候就非常重要了。

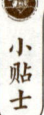
小贴士

钱玄的《三礼通论》和钱玄、钱兴奇的《三礼辞典》是阅读礼经的入门工具书。相关译注可选择王梦鸥的《礼记今注今译》、彭林的《仪礼》、林尹的《周礼今注今译》。此外，彭林的《礼乐中国》以通俗易懂的形式让读者领略到中华传统礼乐文化的博大精深，兼具学术性与普及性。

无左传，不春秋

经学源流（七）

位列六经的《春秋》，北宋政治家王安石看不上，斥之为"断烂朝报"——残缺不全的文件。拗相公（宋时人们对王安石的戏称）为何如此轻视此书？让我们从头说起。

"春秋"本来是先秦时期各国国史的通名。《墨子》里提到过"周之《春秋》""燕之《春秋》""宋之《春秋》""齐之《春秋》"，就是指周朝、燕国、宋国、齐国都有自己的史书，都叫春秋。

为什么史书喜欢叫春秋？大概从西周开始，有太史专门负责记载国家大事，而古人又比较重视春季和秋季，就把国史叫作"春秋"。

同样，鲁国史书也叫作《春秋》。现存《春秋》，从鲁隐公记述到鲁哀公，共12位君主，跨越240多年。该书可贵之处在于，先秦之前，除了鲁国《春秋》还比较完整地存在外，其他国史都没了。被称为"竹书纪年"的西晋时期发现的晋国、魏国史书，今天也只存在一个拼凑起来的版本。

为啥只有鲁国《春秋》流传下来？一要拜秦始皇焚书坑儒所赐，把其他国家的史书给烧了；二要感谢孔子。

以前人认为孔子要么是《春秋》的作者，要么修改过《春秋》，还说孔子在《春秋》的字里行间埋伏有微言大义，可谓一字寓褒贬。因此孟子说"孔子作《春秋》，而乱臣贼子惧"。但这些都是没有根据的臆断之辞。

比如《春秋·僖公十六年》有一句话说"陨石于宋五"，意思是某天宋国有陨星，落下5块石头。后人就开始放飞思绪、妄加解读了。如董仲舒认为，这就是孔子说的"君子对于自己的言行，从不马马虎虎对待"的意思，完全是借解经抒发己意。

其实，看《竹书纪年》的记载，也说"陨石于宋五"。可见这只是宋国记录下了某一天的天象，通报给其他国家，各国史官记了下来，何来孔子寓有深意？

《春秋》一书，孔子可能整理过，但更有可能只是孔子教学时使用的教材，开的是"近现代史"课。后来孔子被抬上圣坛，他看重的《春秋》也成为国家学术，西汉时期立了学官。

问题是，《春秋》全书1.6万多字，记载了240多年历史，平均一年才60来个字，怎么可能详细？只能是粗线条的笔墨，大概勾勒一下。

比如，《春秋·宣公二年》有这么一句："秋九月乙丑，晋赵盾弑其君夷皋。"翻译过来就是：9月26日，晋国的赵盾杀了国君夷皋。这话说得很明白不是吗？其实，杀夷皋的不是赵盾，而是赵穿。赵盾可能是幕后指使者。其中有一段曲折的故事。

其他年份还有这样的记载:"曹杀其大夫""宋杀其大夫"。杀人者是君还是臣?被杀者又是谁?为什么被杀?怎么被杀的?就这几个字,又没有其他史料可资印证,谁看都得一头雾水。如此残缺不全,难怪王安石会那样吐槽。

针对这个问题,很多人给《春秋》进行了解读,其中最好的一本是《春秋左氏传》,即《左传》。

《左传》成于战国时期,对《春秋》里语焉不详的记述进行了翔实的补充,并增加了一些新内容,从而让这段历史更加丰满。上面提到的赵盾杀君的事儿,也是《左传》给讲清楚的。《左传》小20万字,绝大部分是叙述史实,行文简练含蓄,流畅活泼;描写人物,千姿百态,如闻其声,如见其人,既是较为可信的史料,又可作为文学作品欣赏。

《左传》和《春秋》的关系,除了繁简的不同,如《四库全书总目提要》所言"莫简于《春秋》,莫详于《左传》"之外,东汉学者桓谭说得好:二者好像衣服的表里,相辅相成。如果只有《春秋》没有《左传》,就算圣人闭门思考十年,也不能明白。

桓谭没有夸张。

《古文观止》收录的第一篇文章就是来自《左传》中的《郑伯克段于鄢》。《春秋》里就一句话:"夏,五月,郑伯克段于鄢。"这不是正文,简直就是一个标题啊。只有通过《左传》的解说才知道，这是郑国国君和弟弟共叔段争位的事。没有《左传》几百字的叙述，圣人就算想上30年，也明白不了。

这么好的一本史书，在很长一段时间，不被主流学界重视。没想到最懂它的不是文人，而是一位武将。西晋时期镇南大将军杜预，非常喜欢《左传》。同朝官员中，有人爱马成癖，有人爱钱成癖。一天，晋武帝问杜预：爱卿，你有什么癖好？他回答说：臣有《左传》癖。

《十三经注疏》里选用的《左传》注，就是杜预写的《春秋左氏经传集解》。之前《春秋》和《左传》各自单行，是杜预把二者合在一起再加以注释。对此，《四库全书总目提要》评价公允：杜预的书用心周密，后人无以复加，体例也很得体。《春秋》以《左传》为根本，《左传》以杜预的注解为门径。所以，怎么读《春秋》，说得很清楚了不是吗？

小贴士

《左传》的好注本,首推杨伯峻的《春秋左传注》,其广泛采取古今中外有关春秋一代历史的研究成果,通释全书,加以己意,务求探索本意,尤其重视引用甲骨文、金文、地下发掘文物加以印证。与之相配合的有杨伯峻、徐提的《白话左传》,以及沈玉成的《左传译文》。还有些选本可以关注,如朱东润的《左传选》,可谓名家遴选,独具慧眼。

春秋三传，公谷添乱

经学源流（八）

汉武帝的太子刘据被小人陷害，说他用巫术诅咒汉武帝，无奈之际，刘据发兵自卫，兵败后自杀。很多人为之扼腕，汉武帝后来也悔恨不已，还修建了一座"思子宫"。这就是汉朝有名的"巫蛊之祸"。

到了汉昭帝始元五年（公元前82年），有人身穿黄色长衣，头戴黄帽，乘着黄犊车，插着黄旗帜，来到皇宫北阙，自称卫太子（因刘据是卫子夫所生，所以又称卫太子）。一时间引发轰动。长安城中的官吏、百姓围观者多达数万人。

汉昭帝让丞相、御史等朝廷高官去辨认，他们看了之后都不敢表态。这时京兆尹（相当于今天北京市市长）隽不疑到了，马上下令将此人逮捕。

他说：诸位何必畏惧卫太子呢？春秋时期，卫国太子蒯（kuǎi）聩因违抗其父卫灵公而逃亡国外。卫灵公死后，蒯聩的儿子蒯辄继承了王位。这时，蒯聩请求回到卫国，蒯辄为维护先王的意志而拒绝了蒯聩的要求。孔子在《春秋》一书中肯定了蒯辄的做法。如今这位卫太子也曾得罪过先帝，逃亡在外而不死，现在又自己送上门来，这是我朝的罪人。

上文所谓的《春秋》，指的便是《春秋公羊传》。隽不疑在这里引用了《公羊传》里的说法来逮捕冒充者——蒯聩应该立为君，为什么呢？不能以父命违背祖父之命，若以祖父之命推翻父命，是父亲教导儿子，是合理的。同理，以君王之事推翻家事，是上行乎下，是大道理管小道理。这就是公羊之义。

在现实中，冒充者如果是真太子，就应该立为皇帝，那么，不但年少的汉昭帝皇位不保，霍光等辅佐大臣也难以自立。因此，隽不疑巧妙地援引《公羊传》收押冒充者，名正言顺地安定了皇位和辅政大臣之位，因此名声显重于朝廷，在位者都自认比不上他。

这个有名但不太好理解的故事，体现了汉代人对《公羊传》的倚重，也凸显了汉人解说、利用《公羊传》的怪诞之处。

《春秋公羊传》与《春秋谷梁传》是《左传》之外，另外两部重要的解读《春秋》之书。据说，这两本书分别是战国学者公羊高和谷梁赤所写，并且他们都是孔子弟子子夏的学生。但这种说法缺乏依据。可以肯定的是，这两本书在战国时只是口传心授，直到西汉初年才用隶书字体写成定本。它们和《左传》一起并称"春秋三传"。按照唐代学者陆德明《经典释文》排序，是《左传》《公羊传》《谷梁传》。讲三传，都是按照这个顺序。

《左传》以记录史事为主，虽然位列十三经，但却是货真价实的史书；《公羊传》《谷梁传》不是这样，它们以"解释"《春秋》为主,极少叙述史事,不是史书,是儒家后学阐释《春秋》微言大义的经书,力求把所谓的孔子的"春秋笔法"点破、说明。

当然,所谓微言大义、春秋笔法,多是捕风捉影、主观臆测。比如《春秋》第一句话是"元年春王正月"这6个字,元年指鲁隐公元年,我们看看三传分别是怎么解说的。

《左传》用了71个字,讲鲁隐公是他父亲鲁惠公续娶的姬妾(不是"夫人")所生,鲁桓公则是鲁惠公续娶的夫人所生。鲁桓公年幼,因此鲁隐公奉鲁桓公为国君,他自己代行国政,也就是摄政。说得很清楚,简单明白。

《公羊传》用了195个字,一方面阐述"大一统"观念,另一方面说明"子以母贵、母以子贵"的原则。行文拖沓,让人难以读下去,文学价值不太大。

《谷梁传》更别提了,用222个字说了一堆美恶之辨、正邪之分的言论,还从《论语》里抄来"君子成人之美,不成人之恶"这句话,改头换面说成"《春秋》成人之美,不成人之恶"。

由此可见,《公羊传》《谷梁传》里,史事很少,解说《春秋》往往不得要旨,常常自说自话,可谓下笔千言,离题万里,空洞冗长,乏味异常。这既是学界的共识,也是读书人的同感。哪位读者朋友想"自虐"一下,可以找来《公羊传》《谷梁传》翻看一下。

别看这两部书在今天的阅读价值很小了,但古人很看重,汉代都立了学官。董仲舒三次应对汉武帝的问策,都引用了《公羊传》,并用自己的想法去解释它。比如,还是"元年春王正月"这句话,董仲舒讲:《春秋》这话是说寻求王道的开端,得到了"正"。"正"次于"王","王"次于"春"。春是天的作为,正是王的作为。意思是说,君主向上承接天的作为,向下用来端正自己的行为,"正"是王道的开端。

这是典型的用《公羊传》的思路来应答汉武帝。董仲舒还说:大一统是天经地义的,古今同义。今天,言人人殊,百家争鸣,莫衷一是,因此君上无法实现一统。我认为,各种不在六经范围之内、不符合孔子意旨的学说,皆绝其道,勿使并进。

汉武帝认可了这话,便推行"罢黜百家、独尊儒术"的政策,改变了中国思想学术演进的路线。这是《公羊传》、公羊学对中国政治史、学术史、思想史影响最大、最深远的一件事。

> **小贴士**
>
> 《公羊传》和《谷梁传》一般人没必要读,但要研究中国经学史、政治思想史、学术史,却不可不读。主要参考书如下:清代学者陈立《公羊义疏》、清代学者孔广森《春秋公羊通义》、清代学者钟文烝《谷梁补注》,现代著作推荐黄铭、曾亦译注的《春秋公羊传》。

百善孝为先

经学源流（九）

先讲个冷笑话：从事美容美发行业的人应该不会喜欢《孝经》，因为第一章里就说"身体发肤，受之父母，不敢毁伤"。

与其他儒家经典相比，《孝经》内容明白晓畅，知易行易。北宋学者司马光就说了：要想把《诗经》《尚书》《礼经》《乐经》读通，中等智商以下的人可能就不行了；但要学《孝经》《论语》，只要一年，没有人学不精通的。

确实如此，今本《孝经》只有1799个字，分为18章，平均一章100个字，十足的袖珍本；理解上也没有什么障碍，翻看一遍，也就半个小时。

至于作者，"当然"是孔子了。《汉书·艺文志》言之凿凿："《孝经》者，孔子为曾子陈孝道也。"说是孔子给弟子曾参陈说孝道之书。《孝经》的纬书《钩命决》里说，孔子讲"吾志在《春秋》，行在《孝经》"。

这些都是附会之言。《孝经》是不是孔子所作，不用专家考证，只要一翻书就会明白。如果是孔子写的《孝经》，他怎么会对自己的弟子曾参使用敬称——曾子？此外，书中还摘抄有《孟子》《荀子》等的话，可见《孝经》只是战国时期儒家著作的一种。学者考证，大概在公元前3世纪成书。

儒家喜欢讲等级，《孝经》里也把孝分为五等：天子之孝、诸侯之孝、卿大夫之孝、士之孝、庶人之孝。内容有所不同，但意思一样，也不难懂，无非就是父母活着的时候，要尽量供养好，让他们高兴，少为自己担心；父母病了，要尽量伺候好；父母去世了，要把丧事料理好；逢年过节，按时祭祀；要时刻想着建功立业，为父母争光。

《孝经》还认为，孝与忠是相通的，"君子之事亲孝，故忠可移于君"，对父母的孝可以转化为对国君的忠，要求臣子对国君"进思尽忠，退思补过，将顺其美，匡救其恶"。从这个意义上说，《孝经》其实可以改名为《忠经》。

因为可以"移孝于忠"，政治由此插手，《孝经》就在历代都受到了推崇。早在汉文帝时，《孝经》就和《论语》一起被立为学官，设置博士。所谓"设置博士"，就是在国家学术机构里设专人来教授。

不过，汉武帝时立五经博士，《诗》《书》《礼》《易》《春秋》，每经设置一博士，为何没有《孝经》博士了？

在学者王国维看来，这不是《孝经》地位的下降，反而说明其影响面更广了。那时的五经好比今天的大学课程，《孝经》成了中学课程，是基础课，人人必修。《后汉书》里，荀爽就说了："汉制，使天下诵《孝经》。"后来，唐朝天宝年间，要求每家每户要有一本《孝经》。

汉代之后，历代帝王给《孝经》作注的大有人在，如晋元帝《孝经传》、晋孝武帝《总明馆孝经讲义》、梁武帝《孝经义疏》、梁简文帝《孝经义疏》、梁孝明帝《孝经义记》、唐玄宗《孝经注》、清顺治《御注孝经》、清雍正《御纂孝经集注》……

《孝经》也不是一味鼓吹愚忠愚孝，第十五章《谏诤章》说："故当不义，则子不可以不争于父，臣不可以不争于君。"遇上不应该的事，当儿子的得向父亲争取不要干，当臣子的得向君主争取不要干。

在古代典籍中，《孝经》专门讲孝，其他经典虽然侧重点在不同方面，但多少也都有讲到孝的内容。

《尚书·尧典》说虞舜"以孝烝烝"，意思是说舜是一个大孝子。

《诗经·小雅·蓼莪》里说："父兮生我，母兮鞠我。拊我畜我，长我育我，顾我复我，出入腹我。欲报之德，昊天罔极！"父母生我养我，十分辛劳，想要报答他们的恩德，可他们的恩德像天一样无边无际，怎么报答得了！

《论语·学而》："孝弟也者，其为仁之本与！"

《孟子·告子下》："尧舜之道，孝悌而已矣。"

《左传·郑伯克段于鄢》的故事，实际上讲的也是孝道。郑庄公被母亲嫌弃，被母亲和弟弟逼宫，至多是发誓永不与母亲相见，但很快就后悔了。经过一番变通，郑庄公与母亲在隧道相见，其乐融融。

至于《礼记》，讲孝的内容就更多了，有的是全篇讲，如《问丧》《三年问》；有的是大段大段讲，如《祭义》《祭统》。以至于南宋学者朱熹说，《礼记》简直可以附在《孝经》里。他的学生也打趣道：编《孝经》的人应该没看到《礼记》，像《祭义》里说孝的地方很多，说得极好，岂不可为《孝经》所摘抄？

由此可见，孝之所以能在中国如此深入人心，所谓"百善孝为先"，并非《孝经》一书之功，而是十三经在内的大量古籍一起颂扬、协力推崇的结果。

小贴士

《孝经》的注释本，推荐胡平生《孝经译注》。如果跳出文本，想了解《孝经》在思想史上的地位和作用，那么陈壁生的《孝经学史》就值得翻阅了。

是古代词典,也是吃货指南

经学源流(十)

不好好读古籍,可能会食物中毒。

《世说新语》讲过这样一个故事,晋朝司徒蔡谟为躲避战乱,南渡长江。一天,他见到一种有十条腿的水生生物彭蜞,以为是螃蟹,非常高兴,吟咏起先祖蔡邕(yōng)所作《劝学篇》中的话——"蟹有八足,加以二螯",并命人煮来吃。没承想,吃完后,蔡谟就上吐下泻,元气大伤,精神萎靡不振,才知道这不是螃蟹。

后来,蔡谟跟朋友谢尚聊到这事,遭到谢尚的嘲笑:谁让你《尔雅》读得不熟啊,这不,险些给《劝学篇》害死。

如果蔡谟熟读《尔雅》,就能在《释鱼》篇读到彭蜞的有关记载,就能知道,彭蜞虽然也是"八足二螯",但"似蟹而小",跟螃蟹还是有差别的。可见,读不读古籍,生活遭际也是有差别的。

故事里提到的《尔雅》是中国第一部词典,包含2000多个词条。书名中的尔是近的意思,雅是正的意思,合起来就是"近于正",就是使各地方言、古代语言接近正式语言。雅言就是当时的普通话,正式场合的通行语。

先秦古籍的作者，一般都面目不清，《尔雅》同样如此。前人有说是周公的，也有说是孔子门人弟子的，但都没有确凿证据。《四库全书总目提要》说：应该是秦汉时期的小学家收集、整理、汇编前人训诂文献的成果，周公、孔子的说法，都是依托之词。这是合理可信的，其中提到的"小学"指的是古时研究文字、音韵、训诂的学问，被看作经学的附庸。

《尔雅》全书分为19篇，即《释诂》《释言》《释训》《释亲》《释宫》《释器》《释乐》《释天》《释地》《释丘》《释山》《释水》《释草》《释木》《释虫》《释鱼》《释鸟》《释兽》《释畜》。

这19篇可分两大类，前3篇解释一般词语，区别不十分明显；后16篇分类解释各种名物，每一篇内又继续细分。比如《释亲》，解释亲属名称、社会关系，又细分为宗族、母党、妻党、婚姻四类。

《尔雅》这部书受到历代学者的重视，被赞为"七经之检度，学问之阶路"。研究训诂的、撰写注疏的，都以其为依据，以至将之列入十三经，作为解释经书的工具，号称"解经的钥匙"，推崇到极点。今天看，有些言过其实，而且分类存在不科学之处，但它的价值不可抹杀：保存了汉语词语很多古老的含义，可以用来解释先秦其他古籍——不必非得用来解经，是今天人们学习古代文献、继承文化遗产的重要工具。没有这部书，不光一些先秦作品很难理解，而且古汉语语义发展演变的历史脉络，也不容易把握和探索了。

比如，我们今天常用的成语如丧考妣，是什么意思？《尔雅》在《释亲》篇的宗族类中提道："父为考，母为妣。"父母的这两种称呼，今天已经不用了，只存在古籍中。不读《尔雅》，"父母"难辨。

比如，东汉学者张衡的名赋《东京赋》中有"鹎（bēi）鶋（jū）秋栖，鹘（gǔ）鸼（zhōu）春鸣。雎鸠丽黄，关关嘤嘤"这两句，读起来简直不明就里。"鹎鶋""鹘鸼""雎鸠""丽黄"都是鸟名，"关关""嘤嘤"皆为鸟声。这些词在《尔雅》里都有相应解释。不读《尔雅》，鸟鸣难分。

因此，读通此书，再阅读其他古籍就会轻松一些。

此外，《尔雅》中还记载了许多有趣甚至奇怪的名物。比如，金庸的小说《神雕侠侣》里提到，小龙女的胳膊上有颗"守宫砂"，可以验证女人是否为处子之身。这是杜撰的情节吗？守宫又是什么东西？翻翻《尔雅》便可知道，守宫又称蝘蜓，是壁虎的别名。《汉书·东方朔传》颜师古注里也做过相关解释："守宫，虫名也。术家云以器养之，食以丹砂，满七斤，捣治万杵，以点女人体，终身不灭，若有房室之事，则灭矣。"

如此一来，"守宫砂"的奥秘就搞清楚了，虽无科学根据，但也不是瞎编出来的，而是一种古人的"科学"观念。提供初始破解线索的正是《尔雅》一书。可见，该书包含着丰厚的文化信息，是今天了解传统文化、古代社会的切入口。

《尔雅》对后世的影响很大。三国时期曹魏学者张辑写成《广雅》一书，按照《尔雅》的结构，扩大解释范围，收集了更多先秦两汉对语义的训释资料。此外，还有《埤雅》《拾雅》《比雅》《毛雅》《说雅》《石药尔雅》《本草尔雅》《骈雅》《叠雅》《别雅》《羌尔雅》《番尔雅》《佛尔雅》等一系列"雅族"著作，蔚为大观。

小贴士　晋郭璞的《尔雅注》是现存最早并完整流传下来的古注，是阅读《尔雅》的重要参考。今人胡奇光、方环海的《尔雅译注》，注释简要，配以翻译和词条索引，生僻字大都注了音，便于初学者阅读。对《尔雅》内容、体例做全面介绍的则有顾廷龙、王世伟的《尔雅导读》，以及管锡华的《尔雅研究》。

揭开古史神秘面纱

史籍浩荡（一）

中国史学传统特别深厚，官私修史，代不乏人。史部著述，汗牛充栋，所谓"一部二十四史，不知从何说起"。但是如此漫长的中华历史，越往上溯，越茫昧无稽，似乎笼罩在一团云雾之中。当然，今人这种感觉，古人并不能体会。

在古人看来，古史已经很"系统"了，三皇五帝尧舜禹、五德终始夏商周。各个朝代都有头有尾，比如《路史》说夏代有490年。民族出于一元，大家都是黄帝子孙；地域向来一统，东西南北四至明晰。这么一套混融的古史，保存在典籍中，一代代传诵下来，没有人从根本上怀疑。

学者顾颉刚怀疑了。

1923年5月，他发表了《与钱玄同先生论古史书》，认为中国古史是层累地造成的，尧、舜、禹、稷的事迹都靠不住，甚至是虚构的。在推想禹的来源时，他附带提道："禹，《说文》云：'虫也，从厹，象形。'厹，《说文》云：'兽足蹂地也。'以虫而有足蹂地，大约是蜥蜴之类。"

这下可捅了马蜂窝了。有人驳斥说，这属于想入非非，臆造附会。有人直言，顾颉刚勇于疑古，疏于读书。更有人反问，假如大禹是一条虫,那么"舜"字按《说文解字》的说法是蔓草的意思,难道舜帝是一种植物吗?

赞同者也不少。

胡适认为:"顾颉刚的'层累地造成的中国古史'一个中心学说已替中国史学界开了一个新纪元了。"

傅斯年来信说:"你在这个学问中的地位,便恰如牛顿之在力学,达尔文之在生物学。"

郭沫若撰文写道:"顾颉刚'层累地造成的古史',的确是个卓识……他所提出的夏禹的问题,在前曾哄传一时,我当时耳食之余,还曾加以讥笑,到现在自己研究了一番过来,觉得他的识见是有先见之明。"

顾颉刚接受了批评意见,放弃了"禹是一条虫"的推断,并声明"这原是一个假定"。但是辩难仍在继续。"顾颉刚说大禹是一条虫"的说法在社会上不胫而走。反对者以此讽刺揶揄,旁观者当作茶余饭后的谈资,鲁迅也在小说中挖苦。

1926年,顾颉刚将赞成他和反对他的文章,收入《古史辨》第一册。自此以后,二册、三册……多达7册的皇皇巨著《古史辨》,成为民国学术史上一个不可绕过的巨大存在,为中国古史、古文献的深入整理、研究、考索、辨伪做出巨大贡献。

那么,该怎么理解"古史是层累地造成的"?

1922年,顾颉刚在起草《最早的上古史传说》时,把《诗经》《尚书》《论语》三部书中的古史观念做比较，发现禹的传说是西周时就有的，尧、舜的传说是春秋末年才产生的，伏羲、神农的出现就更晚了，"新鬼大而故鬼小"。

这种古史人物"越是起得后，越是排在前面"的现象，使顾颉刚产生了如下假设："古史是层累地造成的，发生的次序和排列的系统恰是一个反背。"用《史记》的说法就是，譬如积薪，后来居上。

具体来说，战国、秦、汉以来的古籍中所讲的古史系统，是由先后不同时代的神话传说一层一层积累起来的，不同的古帝神话传说发生时代的先后次序，和古籍中所讲的古史系统排列的先后恰恰相反。1923年，他分三个方面又做了进一步阐发。

第一，时代越后，传说的古史期越长。如周代人心目中最古的人是禹，到孔子时更古的人有尧、舜，战国时更古的人有黄帝、神农，到秦有三皇，汉以后有盘古等。帝王世代不断增多。

第二，时代越后，传说中的中心人物越放越大。比如，舜在孔子时只是一个无为而治的圣君，《尧典》中就成了一个"家齐而后国治"的圣人，到孟子时就成了一个孝子的典范了。古史人物的属性不断增多。

第三，通过这个史观，我们即使不能知道某一件事的真确状况，也可以知道某一件事在传说中的最早真实状况；即使不能知道东周时的东周史，也至少能知道战国时的东周史；即使不能知道夏、商时的夏、商史，也至少能知道东周时的夏、商史。

顾颉刚的古史观，并非无源之水。孔子的徒弟子贡说过：商纣王的无道，不像后世流传得那么严重，是后来人把天下的坏事都归集到他身上去了。西汉初《淮南子》里说：尧舜禹的美名，是积累了一千年的称赞；夏桀、商纣的坏事，是经历了一千年的诋毁。清代学者崔述也说，"其世愈后则其传闻愈繁""世愈晚则其采择益杂"。

从这些论述中可见，前人已看到了古史不断增加的现象，但没有深究考察规律，到了顾颉刚，才揭开了内在奥秘。

小贴士

想要了解中国古史，尤其是上古史，顾颉刚的《古史辨自序》是绕不开的好著作——以开拓性的思维揭示了中国古史系统是由神话传说层累地造成的，以缜密的考证纠正了民族出于一元与地域向来一统的传统说法，并通过考订古籍著作年代，为研究古史演变打好了基础。此外，行文间融合了顾颉刚早期从事学术研究的心路历程，既有趣味性又有启发性。说句题外话，顾颉刚原本只想写一篇序言，结果越写越长，成了一本书，这也是一段书林佳话了。

凭借智慧猎取富贵

史籍浩荡（二）

齐宣王见到齐国隐士颜斶（chù），说：颜斶上前来。颜斶说：大王走过来！

齐宣王当然不高兴，他的左右说：大王是君，颜斶是臣，大王可以叫你颜斶过来，你颜斶不能叫大王过去。

颜斶说：我靠近你，是贪慕权势；大王走近我，是礼贤下士。与其让我趋炎附势，不如让大王礼贤下士。

齐宣王生气地说：君王高贵，还是士人高贵？颜斶说：士人高贵。齐宣王说：有这种说法吗？

颜斶说：有，以前秦国攻打齐国，秦王下令：有谁敢在贤人柳下惠的坟墓五十步内打柴的，杀无赦。又发布命令说：有能得到齐王首级的，封万户侯，赏金千镒。由此看来，一个活王的头，竟不如一座死士的坟。

接下来，颜斶还说了很多道理，阐述"士贵君轻"的道理，并拒绝了齐宣王的厚待，隐逸山林。一介平民如此傲视君王，让人读来畅快淋漓，从中可以看出战国知识分子地位上升的趋势。

这个故事出自《战国策》，与之相似的记载，书中还有不少。比如秦昭王召见范雎，先是出门相迎，再屏退左右，又一而再地

"跪而请"，礼节隆重，态度诚恳，只为获得范雎的智力支持，毫无君王至高无上的威风。更不用说燕昭王建造黄金台延揽天下英才的故事了。

士，类似今天的公共知识分子。《战国策》里的这些故事高唱重士贵士的思想，体现了战国时期对知识、对人才的尊重和渴望。

虽然分国别记录，但《战国策》与《左传》这种编年体史书不同，更像一部记录战国纵横家游说各国的言论集锦、故事汇编，描绘出战国时代纵横捭阖的时代风貌和汪洋恣肆的人文精神。

此书是西汉刘向整理先秦古籍时，根据当时各国史官及谋臣策士的史料，重新加以删改、校正、整理而成，共33篇，定名为《战国策》。全书共分东周、西周、秦、齐、楚、赵、魏、韩、燕、宋、卫、中山十二国策，记述了从春秋到秦汉240多年间的历史名场面。

《战国策》中没有温良恭俭让的谦谦之风，更多的是赤裸裸地宣扬利害关系。主要出场人物有苏秦、张仪、甘茂、公孙衍、陈轸、苏代等纵横家，他们奔走各国，虽然政治见解不同，但都有渊博的知识、灵活的思辨，一席话往往顶得上千军万马，通过分析利害关系游说君王，左右天下局势，在当时各国政治舞台上扮演着不可小觑的角色。

要想凭三寸不烂之舌达到这样的效果，不能靠说空话，多智善谋是内核。范雎"远交近攻"的战略，冯谖经营三窟的策略，邹忌讽齐王纳谏的话术，都是这种智谋的表现，这些纵横家确实有两把刷子。甚至一位女子——齐君王后，也是巾帼不让须眉。

秦始皇派使者给君王后送去一副玉连环。使者说：齐国有很多聪明的人，能不能解开这个连环？此举意在让齐国君臣难堪。君王后把玉连环拿给群臣看，大家都不知道怎么解开。君王后拿起一把槌把玉连环砸断了，对使者说：这样就能解开了。她的智慧、决断与不卑不亢，显露无遗。

智慧、谋略是当时各国争胜天下的重要资本，《战国策》记录了这方面的大量故事、史料，为后代留下了这批策士的人物群像。

值得注意的是，他们不一定有一以贯之的政治主张，更谈不上坚定的信仰，纵横游说，为的是猎取功名富贵。

苏秦在秦国游说失败，回到家中，备受冷落，妻子不下织机，嫂子不给做饭，父母也不和他说话。于是，苏秦发奋读书，困了，拿锥子扎腿，鲜血流到脚上。过了一年，苏秦有了很大收获，说：现在可以游说君王了。

二次出世之后，苏秦大获成功，身佩六国相印，权倾天下。再回到家中，父母跑到城外30里设酒席迎接；妻子不敢正眼看丈夫，低眉顺目；嫂子吓得像蛇一样在地上爬。苏秦感慨：穷困时父母不认，富贵了亲戚皆惧。人生在世，地位和富贵，怎么可以忽视呢？

通过这种对权势富贵毫不避讳的褒扬，《战国策》向读者展现出纵横家追逐功利、否定礼义的人生态度，这与儒家"君子不言利"的价值取向可谓南辕北辙。

书中不崇尚仁义，很推崇权谋。纵横家四方游说，出谋划策，充满尔虞我诈。张仪以六百里地骗楚怀王的故事，大家都很熟悉。这种例子很多，表现出强烈的反传统倾向。以至于明代士人李梦阳惊叹：《战国策》真是离经叛道的书啊。唐宋八大家之一曾巩，刊刻过《战国策》，目的是将其树为批判的箭靶，认为它完全有悖于先王之道、孔孟之意。

先秦古籍中，《战国策》让人读起来特别痛快，雄辩畅达，铺张扬厉。时而激扬，时而沉雄。很多游说之辞气势充沛，如江河之下，文笔酣畅，具有很强的文学色彩。既有一定的史料价值，又有较高的文学价值，无怪于司马迁在《史记》中引用《战国策》的地方，多达93处。

小贴士

《战国策》读起来过瘾，但作为史料的话，就有些靠不住了，存在真伪杂糅的情况。对此，缪文远所作的《战国策考辨》，汇集众说，分析论证，求其本真，可以帮助我们了解《战国策》的真伪。注释解读类著作则可参看缪文远《战国策新校注》、何建章《战国策注释》《白话战国策》。

二十四史从何说起

史籍浩荡（三）

200多年前，黑格尔发出一句感慨：中国历史作家的层出不穷、历史著作的连续不断，实在是任何民族比不上的。

这话没毛病。中国有深厚的写史传统，古代史籍浩如烟海。光看分类，就让人瞠目。《四库全书总目》将史书分为15类，即正史、编年、纪事本末、别史、杂史、诏令奏议、传记、史钞、载记、时令、地理、职官、政书、目录、史评。

其中，排位第一的正史是中国历史著作的主心骨。每当王朝更替，新朝建立，都要组织人力编写前朝史，是为正史。这一叫法见于《隋书·经籍志》，至宋代已经有17部正史了，到清代则备齐了二十四史，从《史记》《汉书》直至《元史》《明史》，历时1800多年，共3200多卷，4700万字。

不过，二十四史的前几部不是国家行为，都是个人写作，后来得到国家承认，才立为正史。唐朝开始把正史列入官修，由国家出面，征集史料，选调学者，设置总裁、编纂官、监理、提调、缮写、校对等一系列职位，修正史成了国家级的文化工程，参与其中者，多为一时俊杰。

比如北宋的宋祁，写过"红杏枝头春意闹"这样的名词句，被誉为"红杏尚书"。宋仁宗时,他和欧阳修一起撰写《唐书》,历时17年修完。为区别五代时期修的《旧唐书》,就称为《新唐书》。修史的时候,宋祁工作发生调动,他就带着书稿去了成都。每晚吃完饭,他就拉下帘子,点上蜡烛开始写。"远近观者,皆知尚书修《唐书》",成为一时佳话。

正史的编纂体例都是纪传体,突出特点是以大量人物传记为中心内容。此外,以《资治通鉴》《春秋》为代表的编年体史书——以时间为中心,按年、月、日编排史实。

编年体最早起源于中国,是周代史官创造出来的。《左传》完善其体例,东汉荀悦《汉纪》创断代编年体,北宋司马光则成通史编年体。其他编年体史书,还有起居注、日历、实录等。

像《资治通鉴》这样一部时间跨度长达1362年的编年史,因只是逐年记述历史,好像账簿一样,一件事情如果连续发生好多年,想了解某事全貌,便要翻阅好多卷,挑着拣着找,很不方便。为解决这个困难,南宋的袁枢就把分散在《资治通鉴》不同年份的同一件事的材料集中起来,编写出《通鉴纪事本末》。纪事本末这种体裁就此诞生——以说清具体事件为主,不以年代、人物为主。

回过头再说二十四史,其内容丰富,是万象兼备的百科全书。其据以编写的原始材料,包括档案、实录、家传、碑志、行状等,多是反映某一朝代史实的最早记载。因此,其最有价值之处莫过于原创性。后来原始材料多不存世，多亏正史使其得以流传后世。

正因为保存史料多，二十四史卷帙浩繁，所谓"一篇读罢头飞雪"。若想表达"情况复杂，头绪繁多，不知怎么做起"的意思，现在人们往往就引用清代作家李宝嘉的话："尝苦一部二十四史，不知从何处说起。"

南宋学者朱熹对此也有自己的观点。

有学生问他读史之法时，朱熹说：《资治通鉴》难看，不如看《史记》《汉书》。这两本书里记载的事情多有贯穿，同一件事散见在本纪、列传、表、志之中。《资治通鉴》是逐年记事，一年一年看过去，很多事情交织在一起，不容易找到某一件事的头绪。

学生请他具体谈谈"正史是怎么一件事多处说的"。朱熹说：拿刘邦赴鸿门宴这件事来说吧，《高祖本纪》和张良、灌婴等人的传从不同角度叙述，意思详尽，读起来让人心情欢洽，容易记住。《资治通鉴》是在一年的某一处说到这事，没说完就去说别的了，预知后事如何，得去下一年找，记性好的人才能看得下去。

朱熹的见解有道理。从一个角度看，读史，先读正史，收获会更显著一些，这是由正史的特点所决定的。朱熹有一个读史总纲：先读《史记》，再读《左传》，再读《资治通鉴》，有余力就读全史。有余力的人当是不多，但这种"先重点后一般"的读法则是适合大多数人的。

但从另一个角度看,唐以后官修正史,都由皇帝派人监修,书成先得给皇帝审阅。作者为避灾祸,自然在一些事情上不敢秉笔直书,有时还要扭曲事实,造成记载失实。而前四史《史记》《汉书》《后汉书》《三国志》都是个人编写,史笔和文笔都堪称一流。因此,读二十四史,首推前四部。

小贴士

一般读者没有必要通读二十四史,但若要整体把握的话,可以参看柴德赓《史籍举要》、梁启超《中国历史研究法》、孙中原《二十四史趣谈》。尤其推荐《史籍举要》,该书言简意赅,要言不烦,可称得上史学入门必备书。《史籍举要》按门类将中国重要的历史文献做了介绍,对史籍作者及其时代、史料来源和编纂方法,以及具体史书的优缺点、在史学上的地位等都做了详细梳理,可以帮助读者快速地对中国古代史籍有一个大致的掌握。

司马迁是个"好记者"

史籍浩荡（四）

有的人，一出现就光芒四射；有的书，一问世就高开高走。《史记》就是这样的书。

《史记》一开始不叫《史记》，司马迁名之曰《太史公书》，因为他曾经的官职是太史令，负责编写国家历史。而太史令最早叫太史公，所以司马迁自称太史公。《汉书·艺文志》在春秋类下著录的书名就是《太史公》，改称《史记》是东汉末年之后的事情。

司马迁写《史记》是个人行为，没有国家资助，都是自己一笔一画写的，工作量浩繁。十二本纪说帝王，三十世家述诸侯，七十二列传写百家人物，十表八书讲典章制度大事记，52万字，包罗3000年历史。清代学者章学诚评价这书"圆而神"，感叹司马迁竟然能把那么多来源五花八门的材料，圆融地组织成一个完整的体系，太神了。

那么，司马迁写史的材料来自哪里呢？可以概括为四个方面：我读，我听，我看，我走。

司马迁的父亲司马谈就当过太史公，家里的古籍多，司马迁从小就无所不读；成人后还能借职务之便，阅览国家藏书、朝廷文书、档案诏令。"余读""吾读"这样的痕迹在《史记》中比比皆是。

《三代世表》：我读《谍记》发现，黄帝以来皆有年数，因此做了世表。

《六国年表》：我读《秦记》，读到犬戎打败了周幽王。

《管晏列传》：我读过管仲写的《牧民》《山高》《乘马》等文章，还读过《晏子春秋》。

《司马穰苴列传》：我读《司马兵法》，这本书博大精深，夏商周三代圣贤的用兵，也没能穷尽它的奥妙。

《五帝本纪》：我阅读了《春秋》《国语》。

《屈原贾生列传》：我读过屈原写的《离骚》《天问》《招魂》《哀郢》等文章。

广泛阅读，博览群书，司马迁是真正的读书种子，"世界读书日"应该找他当代言人。

《史记》很多篇章写得栩栩如生，尤其是秦汉之际的史事，好像作者就在现场看到了一样。有人说，这显示了司马迁的文学才能。但文学才能也得讲事实根据，才能施展得合情合理。司马迁写细节入木三分，皆因他善于从当事人那里挖掘故事，这一点与记者的工作有异曲同工之妙。

荆轲刺秦王是《史记》名场面。在秦王大殿之上，荆轲是怎么图穷匕见的，嬴政是怎么躲闪规避的，医生夏无且是怎么帮忙的，嬴政是怎么杀掉荆轲的，荆轲说了些什么话……读《史记》时，如在眼前。这并非文学想象，而是如司马迁所言：从前公孙季功、董仲舒都曾经和夏无且有过交往，清楚地知道当时的事，我是听他们这么讲的。

《赵世家》：我听冯王孙说，赵王迁的妈妈是个歌女。

《卫将军骠骑列传》：苏建跟我说，他们就是这样做将军的。

这些都是司马迁听来的，还有他亲眼所见的。

《李将军列传》：我看李广将军的模样，谦恭诚实得像乡下人，简直就是不会说话。

《游侠列传》：我见过郭解，他的体貌比不上一个中等人，说话也不引人注意。

徐霞客之前最能走的作者，应该就是司马迁了。为了写好《史记》，司马迁的足迹遍布名山大川，上下访求历史遗迹。

《五帝本纪》：我曾经向西到过空桐山，向北到过涿鹿，向东到过大海边，向南渡过淮河长江。

《河渠书》：我登上了庐山。

《魏公子列传》：我去过大梁的废墟。

《蒙恬列传》：我到北方看了蒙恬为秦朝筑的长城。

这样的"我去了""我到了"还有很多，可以看出司马迁差不多把当时中国的疆域走遍了，真可谓"不到现场不写稿"，这种现代记者的作风，对撰写《史记》大有助力。

因此,《史记》的最大价值,就是司马迁通过上面几种途径获取的丰富史料。这还不算,司马迁的观点进步,见识卓越,具有超越时代的穿透力。

比如经济学,今天是显学,而司马迁在2000年前就已经通晓了若干现代经济原则。

古代长期重农抑商,古人心目中的社会阶层排序是士、农、工、商,工商业视同末枝。而在《货殖列传》中,司马迁说:脱贫致富,当农民不如当手工业者,当手工业者不如当商人,在作坊里绣花远不如去市场上卖货。并认识到,经济地位决定政治地位,这不可谓不是卓见。

此外,司马迁对人物的点评,不以成败论英雄,不求全责备,而是实事求是,让人物是非彰显无疑。

至于《史记》的文学价值,自不必多说,鲁迅一句"史家之绝唱,无韵之离骚"说尽了。

小贴士

提起《史记》的注本，首先是"三家注"——南朝宋裴骃《史记集解》、唐代司马贞《史记索隐》、唐代张守节《史记正义》，都是《史记》注解的里程碑之作，流传至今不废。这三种注本在北宋时期被打散，统一穿插、编排于《史记》的正文之下。"三家注"对《史记》原文的校勘、对史实的考辨、对地理名物的注解，将古代《史记》注释推向顶峰，影响非常深远。20世纪30年代问世的《史记会注考证》，由日本汉学家泷川资言所著，是继"三家注"之后对《史记》研究成果最重要的总结和梳理，集《史记》问世两千年以来研究之大成。

司马迁是个"好编辑"

史籍浩荡(五)

为刺客作传,是《史记》一大特色。豫让击衣,则是《刺客列传》里的名场面。

春秋末期,晋国国政由六大家族把持,相互攻伐。其中智氏最强,先后灭了范氏和中行氏。公元前475年,智伯成为晋国执政者。因卿大夫赵襄子拒绝献出封地,智伯联合魏氏、韩氏两家对赵氏发动"晋阳之战"。

快撑不下去的时候,赵襄子派人向魏、韩陈说唇亡齿寒的利害关系。魏氏、韩氏临阵倒戈。结果,智伯被赵襄子擒杀。然后,三家分割了他的属地,并将晋国完全瓜分了。这就是战国时代的"三家分晋"。

智伯的家臣豫让为了复仇,更名改姓,伪装成一个受过刑的人,进入赵襄子的宫中干杂役,负责打扫厕所,寻机刺杀赵襄子。有一次,赵襄子上厕所时感觉这个人不对劲,就派人将豫让抓来查问,结果发现他身上藏了匕首。问明理由之后,赵襄子认为他是一位义士,就放了豫让。

豫让不死心,用漆涂身使皮肤溃烂,又吞咽火炭,烧坏声带,改变声音,继续谋求刺杀。当打探到赵襄子某天的行程后,豫让埋伏在桥下。可是，当赵襄子到了桥边时，马发出惊嘶，豫让暴露了，被抓获。

赵襄子问他：你不是曾经也为范氏和中行氏服务吗？智伯杀了他们，你为什么不为他们报仇，而独为智伯报仇呢？

豫让说："臣事范、中行氏，范、中行氏众人遇我，我故众人报之。至于智伯，国士遇我，我故国士报之。"这句话的大意是，我侍奉范氏、中行氏，他们都把我当作一般人看待，所以我像一般人那样报答他们。至于智伯，他把我当作国士看待，所以我就像国士那样报答他。

赵襄子很受感动，但又觉得不能再把豫让放掉，正犹豫怎么处置他时，豫让开口了。他向赵襄子提出一个出人意料的请求：我今天肯定活不了了，请你脱下一件衣服，让我刺杀一下衣服，这样我就死而无憾了。

按照旧本《战国策·赵策》的记载，豫让拔剑击刺衣服，衣服出血了；赵襄子回车要走，车轮没转一周，赵襄子就死了。豫让这才伏剑自杀。

司马迁在写这段时，删去了这种超现实的桥段，只是说：豫让击刺衣服后，伏剑自杀。按照他的理解，豫让击衣不过是象征性举动，绝不会发生那样荒诞不经、脱离现实的后果。因此，司马迁特地在豫让说完"让我刺杀一下衣服"后加了一句——"用以达到报仇的意图"，表明击衣的用意。

经过这样一番编辑和改造,一段蒙着奇幻色彩的史料,在司马迁手里恢复了信史面貌,同时,更加深了豫让这个人物的悲剧性,给这段故事增添了更多悲壮气氛。

这种对历史事件叙述方式的改编,体现出司马迁严谨、细致、深刻、实在的编辑思路。

此外,作为一部从黄帝写到汉武帝、贯穿数千年的通史,《史记》不可避免要使用一些较古的史料。当时人看古文字,跟今天人看文言文一样,理解上也有困难。考虑到读者的阅读体验,司马迁行文时很注意消除与古代文献史料的语言隔阂。

怎么消除?翻译。不是一种语言翻译成另一种语言,而是同一种语言的古今转换。可以说,是不是善于翻译,体现了编辑水平的高低。我们的太史公显然是个中高手。

古籍里充斥着古奥艰涩、佶屈聱牙的字句,司马迁进行译释的时候,有时会把古词语翻译成通俗词语,好比当时的白话,契合了当时读者的阅读体验。

比如,写《五帝本纪》要引用《尚书·尧典》。原文说"钦若昊天",他写成"敬顺昊天","宅朔方"写成"居北方","庶绩咸熙"写成"众功皆兴";《刺客列传》采用《左传·昭公二十七年》,把"光伪足疾"译作"公子光(人名)佯为足疾";《鲁周公世家》采用古文《尚书·金縢》,把"祇畏"译作"敬畏"。

如果直译难明,有时近乎意译。如《五帝本纪》采用《尚书·尧典》,把"畴咨,若时登庸"译作"谁可顺此事"。

有时为了突出某种含义,使语言更加显豁,让表达更加精准,司马迁会酌情增加文字进行译释。如《战国策·燕策》里说:"太子送(田光)至门,曰:'丹所报,先生所言者,国之大事也,愿先生勿泄也。'"《刺客列传》采用时,在"曰"字前加了一个"戒"字,成了"戒曰",这就在叙述中突出表现了太子丹说这话的用意和郑重、诡秘的情态,凸显了太子丹多疑戒备的心理,让接下来田光的自杀一幕更具悲情。

司马迁这种翻译方式和编辑手法,免不了要增加文字。但为了让文章通俗易懂,他并不在意。金代学者王若虚在《史记辨惑》里却说司马迁行文烦冗不精练,这恰巧表明了他自己的迂腐。从提升传播力的角度看,司马迁的翻译初衷和讲故事方式,值得今天借鉴。

小贴士

今天的读者看《史记》,可以参看张大可的《史记全本新注》——简洁明快地疏通文意,韩兆琦的《史记笺证》——汇集大量古今中外的评论资料,韩兆琦的文白对照版《史记》——放弃字词注解、而用白话通译全文,王伯祥的《史记选》——选录本纪列传中的名篇加以注释说明。

班固要谢的人太多

史籍浩荡（六）

如果班固写完《汉书》，像今天写完硕士、博士论文一样，设置一个致谢环节，他会感谢谁呢？

第一，感谢父亲班彪。东汉初年，班彪因病免官，专心从事历史著述。因为司马迁的《史记》只写到汉武帝，班彪采择前史遗事，搜集材料，打算续写《史记》，作了65篇《后传》，然后就死了。在他的带动和影响下，班固子继父业，继续修史，并在《汉书》中采用了父亲的著作。

第二，感谢弟弟班超。永平五年（62年），班固正在全力写作时，被人告发说他私修国史，被抓下狱。班超快马加鞭赶赴洛阳，上书汉明帝，陈明父兄两代人几十年修史的辛劳和颂扬汉德的意图。

汉明帝拿来书稿一看，叹为奇作，下令释放班固，并宣召他来京师，任命为兰台令史，准其利用国家藏书，完成修史大业。班固这才得以凝神聚力20多年，基本完成了《汉书》。

第三，感谢妹妹班昭。永元四年（92年），班固在官场失势，得罪了人，又被人诬陷下狱，死在狱中。此时《汉书》还有8个表以及《天文志》没有写完。后来是班昭接手完成，让《汉书》

得以全璧示人——共120卷，起自汉高祖元年（公元前206年），结束于王莽地皇四年（23年），共记229年史事，为中国第一部纪传体断代史。

第四，感谢前贤司马迁。《汉书》史料来源，以汉武帝为分界，分成两个阶段。汉武帝之前，因为《史记》有完整记载，班固就奉行拿来主义了，绝大部分采用《史记》原文，文字略有精简，有些内容重新加以安排、剪裁。

这算抄袭吗？在古代不算。当时抄书是一项本领，治史者必须学会抄书。何况班固也不是机械地抄。清代学者赵翼分析过，汉武帝之前这段时期，《汉书》做了三方面增补：把《史记》附入他人之传者，抽出来另立新传；在《史记》一些人物传记中增加事实；在文学之士的传记中，增加其文章。

第五，感谢前辈刘向刘歆父子。《汉书》里有一个非常重要的部分叫《艺文志》，著录了约600部古籍，1.3万卷，是当时的"四库全书"。这部《艺文志》是西汉刘歆写的《七略》的删节本，而《七略》又是刘向写的《别录》的删节本。刘向当年奉旨整理国家收藏的图书，每整理完一本，就写个提要，总结主要内容，汇集成书叫《别录》。刘歆把这些提要分门别类，加以简化，成为《七略》。《别录》《七略》如今都看不到了。班固的讨巧引用，给后世留下了一份珍贵遗产。

为什么这么说呢？因为《艺文志》里著录的书大部分都失传

了,幸亏有这个目录,我们今天才可以对先秦学术有一个粗线条的认识。

　　了解学习中国学术史、思想史,源头在春秋战国时期。我们今天说的百家争鸣,就在这个时期。先是儒、墨两家为显学,两家下面各自分出很多派;然后,道家、法家、名家、阴阳家、纵横家并起,人多、派多,今天大家都觉得这是古代学术的黄金时代,是中国的"轴心期"。

　　这一时期的思想地图是什么样的呢?今天只能通过6种文献来把握:《庄子·天下》《荀子·非十二子》《韩非子·显学》《淮南子·要略》《论六家要旨》《汉书·艺文志》。前5种书,只讲派别,不讲书籍;只讲各派的祖师爷,不讲徒子徒孙,线条太粗。只有看《汉书·艺文志》,才能"一览众山小",才能"胸中有沟壑"。

　　第六,感谢后辈颜师古。班固是古文家,《汉书》的用字特点就是多用古字,保存了很多古代语言文字、制度名物,行文跟《史记》比起来,艰深得多,比较难懂。因此,差不多从《汉书》一问世,就有注解了。有统计,唐以前注解《汉书》的有20多家。各家解释,各说各话,莫衷一是。

　　于是,唐代学者颜师古受太子李承乾之命,为《汉书》作注,先把前人旧注、各家歧说一一列引,然后从"师古曰"开始,对于旧说或肯定或否定,有时自己还要重新解释。这么一来，基本上解决了《汉书》的文字解释问题。

这是一项很繁重的工作，因此学界一直认为颜师古是《汉书》一大功臣。《四库全书总目提要》里说：师古注条理精密，实为独到，虽然有人批评，但他疏通《汉书》的成绩在那儿摆着，真不愧是班固的功臣啊。

小贴士

对于《汉书》全书的注解，可参看张烈主编的《汉书注译》、吴荣曾主编的《新译汉书》，注解明晰，切合本义。选注本方面，可以参看冉昭德、陈直主编的《汉书选》，顾廷龙、王煦华的《汉书选》，汪受宽的《〈汉书〉选评》。

范晔的自信从何而来

史籍浩荡（七）

大部分作者，不会猛夸自己的著作——那不成了王婆卖瓜了吗？可南朝的范晔是例外。

他这样评价自己写的《后汉书》："自古体大而思精，未有此也。"大意是，从古至今，没有哪部书像我这本书一样既规模宏大，又思虑精深。从这开始，体大思精这个成语就流传开了。

如此自信，并非自大狂，而是确有底气，主要有三。其一，范书一出，其他写东汉历史的书就"让开大路，自居两厢"，并逐渐失传了；其二，为杰出女性鼓与呼，对庸人豪强极力诋毁，理念超出同时代人很多；其三，不为威权所压服，真正是"天子呼来不上船"，不单为帝王将相做家谱。

范晔27岁写《后汉书》时，东汉已经灭亡200多年了。这么一来，他就无法像司马迁那样，可以跟知情人士了解事件的细节。很多鲜活的传闻传说，采访不到，只能依靠前人著述这样的二手材料。

但是，正因为时过境迁，恩怨已尽，各种史料得以在市面上流传，比当代人修当代史更有材料上的优势。

刘珍等《东观汉记》、谢承《后汉书》、司马彪《续汉书》、华峤《后汉书》、谢沈《后汉书》、袁山松《后汉书》、薛莹《后汉记》、张莹《后汉南记》、张璠《后汉记》……这一系列现已散佚的后汉史书，都是范晔的素材库。

范晔花了20多年的功夫，在这些素材里杀了个"七进七出"，终于修成本纪10卷、列传80卷的《后汉书》。不幸的是，快写完时因政治斗争受到牵连，下狱被杀。现在《后汉书》里的10篇志，是来自晋朝司马彪的《续汉书》。

与《史记》《汉书》这两座史学大山相比，《后汉书》最不示弱的地方在于范晔新立的7种类传（就是把一类人放在一起作传）——《党锢列传》《宦者列传》《文苑列传》《独行列传》《方术列传》《逸民列传》《列女传》。

其中最有代表性的是给杰出女性立的传——《列女传》。以前西汉刘向写过《列女传》，但其中所写女性，好的多，不好的也有。范晔是第一次在正史中把女性提高到与男性同等地位，而且所写的17名女性在各方面都表现优异，有择偶重品行轻富贵的桓少君，有为兄长补齐《汉书》的班昭，有断机劝夫上进的乐羊子妻……反正不关注古代人最看重的节操。

比如，其中有位蔡琰，就是蔡文姬，博学多才，擅长文学、音乐、书法等，代表作《胡笳十八拍》。她的经历很传奇，最先是嫁给卫仲道，丈夫死后回到娘家。东汉末，中原大乱，诸侯割据，原本归降汉朝的南匈奴趁机叛乱。蔡文姬被匈奴左贤王强娶，为他生育了两个孩子。曹操统一北方后，花费重金赎回蔡文姬，并把她许配给董祀。

这在一脑门子女德思想的古代人看来，蔡文姬实在是失节甚多。唐代学者刘知几就反对把她列入《列女传》。后来的史家作史时，就把《列女传》改为《烈女传》，专从为丈夫守节这一方面考察，专记严守三纲五常的贞女烈妇，使得广大妇女在历史上的地位大大降低了。比起范晔，他们的格局太小了。

从赞美女性这一点，就能看出范晔思想的特立独行。清代学者王鸣盛读了《后汉书》后，大加赞扬：这部书推崇德义，贬抑势利，推扬那些隐逸之士，痛斥那些奸佞之辈。宰相公卿不怎么写，而特别着墨于不愿做官的清流，足见范晔这个人的品行与流俗不同常人。

王鸣盛的评价很公允，举个例子说明一下。范晔擅长弹琵琶，当朝皇帝宋文帝让他为自己弹奏一曲，范晔就不弹，公然抗旨。南朝时佛教盛行，"南朝四百八十寺，多少楼台烟雨中。"朝野上下没有不崇佛拜佛的，只有范晔不信佛，天天与丞相为此大吵特吵。临死前，范晔还让人给丞相带话，"天下绝无佛"。

这样的性格，投射在《后汉书》里可以看到，范晔对那些高官厚爵却对社会没什么贡献的人，绝不立传，或者专揭其短。

东汉重臣胡广，性格圆滑，谄媚宦官，得以历事六朝，为官30余年，当时有谚语讽刺道："天下中庸有胡公。"范晔在《胡广传》中写他越老越糊涂，越糊涂，越升官。这篇传除了写他是个大官僚、老糊涂，就没别的了，连一些礼节上的好话都没有。

但对于那些刚正不阿、反抗强暴的人，范晔就极力表赞。写杨震，"先公道而后身名"；写孔融，"与琨玉秋霜比质可也"；写李膺，"振拔污险之中，蕴义生风"……即便是汉光武帝的对头隗嚣，范晔也说他"知其道有足怀者"。这种不以成败论英雄的见解，是难能可贵的。因此，读《后汉书》，常常感觉很爽，很痛快，跟读《汉书》的感受真是不同。

小贴士

历史上，《后汉书》的重要注本有两个，一个是唐代章怀太子李贤组织人马作的注，偏重训诂，对史实的补充也不少，学者认为这个注本的重要性不亚于《汉书》的颜师古注。另一个是清代学者王先谦的《后汉书集解》，主要是广泛收集唐宋以来学者对《后汉书》的注解考证成果，资料性很强，个人心得不多。今人的著作推荐束世澂（chéng）编注的《后汉书选》。

主角的戏让配角抢了

史籍浩荡（八）

曹操"割发代首"的故事很有名。

有一次，曹操率军出征路过麦田。为了保护麦子，他下达命令，不许践踏麦田，违者处死。命令下达后，骑兵都下马，小心行军。突然，曹操的坐骑却意外受惊，踩坏了不少麦子。

曹操叫来负责刑罚的官员来给自己定罪，这位官员说：自古刑法是不对尊贵的人使用的。曹操说：我下的命令，我自己违反了，要是不处罚，如何统率属下呢？但是我身为一军之帅，是不能够死的。于是，曹操就用剑割断自己的头发表示抵罪。

不管后人怎样评价曹操的行为，这个故事都十分生动地展现了曹操的个性和统军的特色。但鲜为人知的是，这个故事不见于《三国志》，而是出自裴松之为《三国志》作的注。历史舞台上，正史是当仁不让的主角，注疏一般都是戏份不多的配角。但在《三国志》这里，主角的戏让配角抢去了不少。

《三国志》65卷，包括《魏志》30卷、《蜀志》15卷、《吴志》20卷，记述从东汉末年到晋朝初期近百年的历史，文笔简洁，评议人物允当，历来评价较高。作者陈寿，前半生在蜀汉，后半生在晋朝。三国史事，很多都是他耳闻目睹的。书中所写人物，有的比作者死得都晚。

当代人修当代史，亲身经历，见闻真切，是有利条件；但是，时代太近也有不好，史料尚未全出，恩怨仍在纠缠，写起来事实不足，褒贬的话鉴于形势有时无法言说，因此困难不少。有"良史"之称的陈寿，做到了用简洁的笔墨写出传神的人物。

比如，《先主传》记曹操和刘备煮酒论英雄："是时曹公从容谓先主曰：'今天下英雄，唯使君与操耳。本初之徒，不足数也。'先主方食，失匕箸。"曹操对刘备说，现在称得上英雄的，也就你和我了，袁绍之徒，根本不算。刘备发现自己的野心被看破，手里的餐具都被吓掉了。寥寥数语，把刘备的韬晦、曹操的精明写透了。

但总体来说，材料不足，确实是陈寿修史最大的障碍。叙事过于简要，是一大缺憾。尽管如此，陈寿的《三国志》在当时仍备受推崇。夏侯湛本来已经写了《魏书》，看到《三国志》，自知不如，就把自己的书毁掉了。

陈寿死后100多年，宋文帝（424—453年在位）命裴松之作注，才使三国这段历史丰满起来。《四库全书总目提要》评点《三国志》，一半篇幅说的是裴松之的注。

裴松之博览群书，学识深广。他给《三国志》作完注后，宋文帝称之为不朽。《史记》《汉书》的注，多属于考订制度、解释文字方面。裴松之的注主要是补充史料。

为了注释《三国志》，裴松之引用魏、晋人著作达210多种。好多重大史事，今天都是靠裴注才得知其详情。

比如曹操推行屯田一事，非常重要的事件，陈寿仅在《武帝纪》和《任峻传》中用50余字略做记载。而曹操在这一重大决策上有何认识、推行中有何艰辛、推行后有何成效，陈寿未做评叙，裴松之则阐明了以上问题。

又如诸葛亮七擒孟获，陈寿一笔带过。裴松之补充200多字，既反映出蜀汉"攻心为上"的和戎政策，又表明了这是北伐前安定后方的重要措施。

补充的资料丰厚，自然有助于历史细节的彰显。所谓触摸历史，其实触摸的是细节。比如三国第一巧匠马钧，《三国志·方技传》压根没写，付之阙如。裴松之以1200多字补充其生平与重大发明创造，使指南车、翻车、连弩、发石车、水转百戏以及织绫机的记载得以保存。又如名士荀彧（yù）的外貌问题，陈寿不述，裴松之引《典略》等书加以补充，能反映出魏晋士人风流的时代特色。

再如《吴志·孙皓传》，孙皓最后向王濬投降。裴松之在这里的注引用了《晋阳秋》里的资料："濬收其图籍，领州四，郡四十三，县三百一十三，户五十二万三千，吏三万二千，兵二十三万，男女口二百三十万，米谷二百八十万斛，舟船五千余艘，后宫五千余人。"这是吴国亡国时全国的基本情况，是非常重要的数字。

裴松之所引资料的原书,今天绝大部分已经亡佚,幸亏保留了一部分在裴注中,从中我们可以了解这些书的大概。因此,裴注的史料价值不弱于《三国志》。清代学者钱大昕说,裴松之的注补齐了很多史事缺失,真可谓陈寿的功臣。另外,罗贯中的《三国演义》之所以写得生动有吸引力,和他从裴注中获得的创作灵感是分不开的。

小贴士

> 对于《三国志》全书的注解,可以参看方北辰的《三国志注译》,这是一部具有坚实学术基础的普及性读物,注释在行文上使用白话,通俗、简明。对于选注本,可以参看张文强译注的《三国志》。另外,这里做一个澄清。长期以来,不少人,甚至包括一些专家学者,都在讹传裴松之注的字数多过陈寿原书数倍。其实不然,有专家统计过,陈寿《三国志》共36.6万字,裴松之注共32.2万字,谁多谁少,一目了然。

团队修史与独自注解

史籍浩荡（九）

司马光砸缸的故事，在中国家喻户晓。从中，人们看到了一个不守常规的机智少年。

少年长大后，却变得谨慎保守。司马光在给朋友的信中这样评价自己："视地而后敢行，顿足然后敢立。"意思是，走路得低着头不停看地，跺跺脚看地稳不稳才敢站立。

生活中，司马光谨小慎微如此，政治上自然属于保守派。碰上王安石变法，司马光高举反对大旗，结果反对无效，被投闲置散，只好把全部精力用于修史上，"臣之精力，尽于此书"。虽然个人失意得很，但中国史学有幸收获一部大书——《资治通鉴》。

这部修了19年的巨著，多达290卷，从周威烈王二十三年（公元前403年）到后周世宗显德六年（959年）止，共记载了长达1362年的史事，是中国历史上时间跨度最长的一部编年史。

这个起止年份不是随便选的，体现了司马光的独到见解。周威烈王二十三年这一年，周天子命韩、赵、魏三家为诸侯，使得三家分晋的事实在政治上有了名分。司马光认为，这是周王室衰落的一大关键。结束年定在北宋建立前一年，因为北宋有自己的国史，据北宋国史编没新意，而不据此另编一套，则不合适。

此书名为《资治通鉴》，鉴是镜子，意思是为政治服务，像镜子一样照出好与不好。其主要内容是编次历代君臣事迹，褒贬历代王朝的政治措施，描写对外对内的战争，表扬重要人物的事迹言行。此外，对于"伤天害理，残民以逞"的腐败政治，书中也进行了详细记述，充当反面教材。

为达此目的，《资治通鉴》引用大量史料，《四库全书总目提要》说"其采用之书，正史之外，杂史至三百二十二种"。有时为了描写一件史事，要用到三四个出处的史料来编纂。司马光死后，洛阳尚有两间屋子的残稿。重要的是，这些所引用的史料，今天起码一半都佚失了，如果《资治通鉴》当时不收入，就彻底烟消云散了。以农民起义的史料为例，唐代的袁晁起义、裘甫起义、黄巢起义，幸赖《资治通鉴》记述详细，今天才得其真。

编写体量这么大的一部书，司马光并非孤军作战，而是组建了一个团队，召集了当时一流的学者当助手，"皆天下选也"。有熟悉两汉史事的刘攽、擅长整理纷乱史事的刘恕、精通唐史的范祖禹，还有校对达人司马康。此外，《资治通鉴》刊版前，文学家黄庭坚还参与了校对阅读。

在这个修书团队中，司马光自然是把握全局的主编，总领大纲，笔削取舍。同修学者主要是汇集资料，做长编，参与议论。《资治通鉴》能够达到全书体例一致、文字一律、精神一贯，正是这种集体合作与个人负责无缝衔接的结果，难怪被四库馆臣目为"绝作"。

读《资治通鉴》,一方面会被其网罗宏富、体大思精所震撼,另一方面又受困于名物训诂难以理解,"非浅学所能通"。对此,宋末元初一位学者胡三省汇合群书,订讹补漏,写成《资治通鉴注》,对于《资治通鉴》的理解、传播,大有帮助。

胡三省和文天祥、陆秀夫、谢枋得是同科进士。宋亡后,他坚决不做元朝的官,隐居山中,过着极为艰苦的生活。在图书资料十分难得的情况下,完成了对《资治通鉴》的注解。要知道,胡三省那个时候,正史十七史中,除了前四史外,没人作过注。这样一来,给《资治通鉴》作注时缺乏前人成果可以利用、借鉴,需要自起炉灶,工程艰巨,比袁枢作《通鉴纪事本末》要难得多。

《资治通鉴》周赧王元年有这么一句:"秦人侵义渠,得二十五城。"胡三省注称:义渠是西戎所建国家的名称,上一卷说秦国把义渠变成自己的一个县,以其君为臣,已经得到义渠了,这里又说占领了二十五座城池,怎么回事呢?之前秦国把义渠吞并为县,其君虽然臣服了,但国家未灭,秦国只是蚕食其地而已。如今得到二十五城,义渠国所余无几了。

如此注解可谓翔实,把《资治通鉴》里没说清的事情的来龙去脉交代清楚了。

历史学家陈垣先生认为,胡三省作注,其实是校注,不光注解名物制度，还进行校勘，订正错误。

比如，《资治通鉴》记载，汉成帝绥和元年（公元前8年），权臣王莽伪装自己的权力野心，对外假装节俭。有一次，他母亲病了，百官列侯派自己的夫人去探望。夫人们到了之后，王莽的妻子来迎接，她穿得破破烂烂，衣不蔽体，夫人们都以为是下人，问了才知是王莽的夫人。

胡三省在注中说，"问了才知是王莽的夫人"这句话后面，按照《汉书》的记载，应该有"皆惊"二字，文意才足。其他的版本都有这两个字。也就是说，结尾应该是：问了才知是王莽的夫人，大家都很惊讶。这样才能让这段记述完整，充分表现出王莽的伪装技巧。

这样的校勘实例还有很多。因此，读《资治通鉴》，不能落下胡三省的注。

小贴士

今天，一般读者很难把这部皇皇巨著啃下来。这里推荐《柏杨白话版资治通鉴》，内容比较完整，但个人意见太多，可以用来理解原文，而不必对柏杨的议论较真。此外还推荐王仲荦（luò）编注的《资治通鉴选》，内容不多，但编选者的眼光高明，保留了原著的精髓。

刘知几前无史学

史籍浩荡（十）

一部《左传》，不知激起了多少少年的历史兴趣，刘知几正是其中之一。

生活在盛唐时期的刘知几，小时候学《古文尚书》，苦于文辞艰涩，读不下去，就算老师再怎么批评、责打，也不打算继续学了。一次偶然机会，他听到父亲给几个哥哥讲解《左传》，一下子就被吸引住了，把《尚书》丢弃一旁，感叹道：如果书都像《左传》这么好看，我是不会倦怠的。

接下来，用了一年时间，刘知几把《左传》学完了，这时他虚岁12岁。然后，他又自学了《史记》《汉书》《三国志》；读完正史，又读皇家实录等史料。而这些都是他备战科举考试的余暇所为。20岁，刘知几中了进士，到河南省获嘉县当主簿，这才集中精力在史学上用功。

在县里，刘知几一待就是19年，工作之外，读史、议史两不误。遍览群史的过程，也是他独立思考诸史体例、撰法、得失的过程，并逐渐形成了自己的史学观点。后来，他去长安做中央政府的史官，参与修撰《唐书》和《则天实录》。在这个过程中，刘知几因自己的史学见解不容于世俗，得不到贯彻，没有发挥空间，于是写下《史通》一书以明心见志。

《史通》写成于唐中宗景龙四年（710年），共20卷，是史论、史评之作，阐述史书源流、体例、编撰方法、史家修养、诸书得失等，既是刘知几一生思考的结晶，也是前人修史经验的总结。

当代史学家白寿彝主编的《中国史学史》评价道："盛唐时期，杰出的史学批评家刘知几写出了《史通》一书。这是中国古代史学上一部划时代的史学批评著作。《史通》的问世，标志着中国史学进入到一个更高的自觉阶段，是史学思想发展和史学理论建设的新转折，对后世史学的发展产生了深远的影响。"

为什么《史通》一书有着如此重要的价值呢？这是因为在此之前，中国只有史书而无史学。梁启超在《中国历史研究法》一文中称："要之自有左丘、司马迁、班固、荀悦、杜佑、司马光、袁枢诸人，然后中国始有史。自有刘知几、郑樵、章学诚，然后中国始有史学矣。"

翻看此书，怀疑、批判、求实、开创的精神扑面而来，与当时学界因袭、集成的主流风气大相径庭。

自从汉武帝"罢黜百家、独尊儒术"以后，儒家经典被抬到至高无上的神圣地位，影响了对它们进行实事求是的整理和研究。刘知几逆潮流而上，把经书当作史书来看待。

对于《尚书》，《史通》中说道：《尚书》原本记载的都是君主向臣下发话的言辞，是记言之史。

对于《春秋》，刘知几认为是记事之史，不像穿凿之词所说是什么感时追论的获麟之作。产生那种附会，是闭门冥想、孤陋寡闻的缘故。

对于《左传》，主流观点认为是经部书籍，刘知几说你们都是掩耳盗铃吗？这明明是史书嘛。

此外，《易》《诗》《礼》等经书，在《史通》中，也统统归为"史籍"。上面这些论断，冲破了儒家经书的神圣观念，开"六经皆史"论之先河。

刘知几强调，修史要秉笔直书，选择引用资料要考核真伪。这样的史学观点，体现在《史通》中，就是高举辨伪大旗，对史书中的伪事、伪说大加挞伐。即便是司马迁这样的史学大家，刘知几批评起来也毫不客气。

《史通·杂说下》写道：战国之后，文人写文章，喜欢假立主客问答。屈原的《离骚》里，说在江边遇见一位渔夫，然后屈原和他进行问答对话。这是写文学作品，事实上是没有这回事的。但司马迁竟然在《史记》中，当作传记史料来用，这不是贻误后学吗？

前四史之后的正史，价值大减，其中一个重要因素就是失真、失实，充斥假模假样的文字。对此，《史通·杂说中》以《周书》为例，进行批判：这书文而不实，雅而无俭，真迹甚寡，客气尤烦。刘知几认为，史官对文字进行润饰是可以的，但太追求文辞的典雅，就是弊端了。

可能是少年时学《尚书》的经历，让刘知几认为史书的价值是让后人能知往鉴今，所用语言应与时俱进，容易理解是最重要的，一味模仿古代典籍的体裁和语言，只会让当代读者难以理解，与史书的本质是相违背的。

对此，清代学者浦起龙有这样的评价：刘知几论史，崇尚真挚、贬黜藻饰，偏爱俚俗乡音，不惜纸墨加以论证，可谓有"质量癖"啊。问题是，作为读者，谁又能拒绝这样的"质量癖"呢？

小贴士

《史通》的成书对于后世史学理论的发展意义深远，乃至逐渐形成一门史通学。后世学者注释《史通》者尤多，而清人浦起龙的《史通通释》较晚出，能更好吸收前人的校释成果，并加入自己的见解，每篇都有按语，其后再注明《史通》所引典故出处，大大提高了该书的学术价值和利用价值。今天有关的著作可以参看白云译注的《史通》，吸收了现当代研究的成果。

"子曰"的前世今生

子书纷纭（一）

读《论语》，现在可能是历史上最幸福的时期了。

在古代，《论语》的地位堪比西方的《圣经》，是中国读书人的必读书。从西汉开始，儿童念书先读识字课本，然后就开始摇头晃脑背《论语》，"子曰：'学而时习之，不亦说乎……'"

五经，《诗》《书》《礼》《易》《春秋》，可以只通一经。但《论语》谁也躲不过。南宋学者朱熹把《论语》《孟子》《大学》《中庸》集合成"四书"，作《四书章句集注》，从此《论语》成为学习入门书。

元仁宗皇庆二年（1313年）举行科举考试，考试题目必须在四书之内，而且必须以朱熹的注解为标准答案。从此一直延续到清朝光绪二十七年（1901年），才完全废除以四书命题的考试办法。

这近600年间，四书尤其是《论语》，成为读书做官的敲门砖。与此同时，孔子的地位越来越高。在世时，孔子奔走列国不为所容，人家称他为丧家狗，他也承认。后来一步步成为至圣先师，孔子被涂抹上很多神圣的光环，真面目越来越模糊，连带《论语》的文本也被过度解读。

今天我们读《论语》，不必如古人一样非得张口闭口"子曰"如何如何了。孔子也有说得不对的，不必想方设法去美化、去曲解。比如他那句最有争议的"唯女子与小人为难养也"。有人说，孔子是圣人，怎么会轻视妇女？应该把"女子"解释为"汝子"。这么读《论语》，太累了。

因此，抛开一味崇拜的媚态，不要意识形态的掺和，孔子已经回归为诸子百家之一了。经史子集，古代目录都把《论语》放在经部，现在看，放在子部可能更合适。

只有经过这样一番祛魅，《论语》在今天的阅读价值才能真正显现出来：一来它是了解、研究中国思想史、社会史、文化史、教育史的必读书；二来古人在说话、写文章时，引用《论语》里的话、事十分频繁，不把《论语》读懂，很多古籍在理解上就有障碍。比如古籍中常见的"而立之年"的说法，就是来自《论语·为政》："吾十有五而志于学，三十而立，四十而不惑，五十而知天命，六十而耳顺，七十而从心所欲，不逾矩。"

《论语》主要记载孔子的言语行事，以及一些弟子甚至再传弟子的言语行事。记载形式是语录体，很轻松，多是孔子和弟子聊天，聊着聊着，蹦出金句，弟子赶紧记下来，有时候着急找不到竹简，怕忘了，就先写在衣带上。

后来，大家把各自的笔记拿出来，编辑成一本书。至于是谁把《论语》最终编订，一种比较合理的说法是孔子弟子曾参的弟子。因为书中凡是曾参出现,无一处不尊称为"子",而且记载他的言行与同门师兄弟比起来最多,最突出。

相声大师马三立的经典作品《开粥厂》里,马大善人又爱吹牛又俗不可耐,经常在说完一段冠冕堂皇的套话后,加上一句"曾子曰",什么"包子有肉不在褶儿上""一只羊也是赶,两只羊也是放",喜剧效果很好。而讽刺的背后则凸显了曾子在古代圣哲体系中的地位。

怨天尤人、温故知新、既往不咎、不耻下问、文质彬彬、任重道远、后生可畏……虽然为后世贡献了大量成语、警句,但《论语》并不好读,尤其与其他更有系统性、逻辑性的子书比起来。

一来书中多是零言碎语,三五句一段,一段一段凑成篇,又长又乱。全书1.5万多字,除了《乡党》《微子》少数几篇,大部分没有集中的主题。为什么这几段话放在同一篇?没有规律。每一篇的标题都是挑开头两三个字硬加上去的,第一篇标题"学而"甚至都不是一个完整的词汇,很省事,并无意义可言。

二来很多话今天看来平淡无奇,不怎么精练,有的还解释不清,就是因为当时记录的时候,大家都清楚背景、语境,不用多说,含义自明。可时过境迁,失掉了背景、语境,当初是不是写错了都不一定,猜也无从猜起。

对此,学者们总结出很多读《论语》的方式,在这里介绍一种拆分读法。《论语》虽然杂乱无章，但孔子的思想是有系统的，其中有几个关键字：仁、义、礼、孝、忠、信、宽、恕等。根据这些关键字，把孔子的相关论述，归拢归拢，整理一遍，好比带着书架找书，纲举目张，全书就条分缕析了。这是一种主题摘读的方式，有助于深化对孔子思想的理解。

当然，不这么麻烦，随手翻看，亦无不可，也更适合当初孔子聊天谈话的场景。总之，读起来就好。

小贴士

市面上《论语》的注释书可谓满坑满谷，这里首先推荐李零的《丧家狗》和《去圣乃得真孔子》。这两本书一方面对《论语》文本进行简明、准确、通俗的注解，另一方面把《论语》的相关话题详细胪列，既能让人读进去，又能让人读出来，还原了一个真实的孔子，展现了一部真实的《论语》。此外，杨伯峻的《论语译注》也是经典读本，是雅俗共赏的佳作。

儒家第一个反对派

子书纷纭（二）

墨家巨子田鸠去拜会楚王。楚王问他：墨子是赫赫有名的学者。可为什么他讲的话虽然很多，却不动听呢？

田鸠先讲了两个故事。一个是说，秦王把女儿嫁给晋国公子，陪嫁的媵妾有70人，衣着都很华丽。到了晋国，晋国公子反而喜欢陪嫁的妾，看不上秦王的女儿。

另一个故事很有名，买椟还珠，说有个楚国人到郑国去卖宝珠。他用名贵的木兰香木做了一个精美的匣子，用香料熏烤，用珠玉点缀，用玫瑰装饰，用翡翠衬托。结果郑国人只买了他的匣子，却退还了宝珠。

田鸠得出结论：当今世人的言谈，说的尽是些华丽动听的辞令。君主往往只欣赏言辞的华美，却忽视了它的实用价值。墨子的学说是传授先王治国的办法，阐述圣人的言论并宣告于天下。假如只想使言辞动听，那恐怕人们就会只追求言辞华美而忽视它的实用价值。所以墨子讲的话虽然很多，但是不动听。

上述对话见于《韩非子》，说明当时学者对于墨家学说"多而不辩"的特点很清楚。这与我们阅读《墨子》时的感觉一致。与诸子文章相比，《墨子》可能是最缺乏文采的，无《论语》的简约，无《孟子》的雄辩，无《荀子》的精细，无《庄子》的奇诡，这与墨子、墨家学说重实利的特点有关。

墨家祖师墨子，一般认为是春秋战国之际的鲁国人，工匠出身。儒道墨法，是先秦最重要的四家学派，孔子、老子、韩非子在《史记》中都有各自传记，唯独墨子，司马迁只在《孟子荀卿列传》里附带提了一句：墨翟是宋国的大臣，在军事上擅长守卫，在思想上主张俭朴节约。有人说他和孔子是同时代人，也有人说他比孔子晚。

这说明早在汉初之际，墨家就已衰落到乏人问津的田地了，接下来又沉默了几乎两千年，直到清末民国时期，才被重新发现。当时一批著名学者整理注解《墨子》，诠释发扬墨学，让墨子重新回到人们视野中来。

于是今天，我们看到，墨子以一介平民的身份，保持着席不暇暖的勤奋状态，终日奔走在制止战争、劝说兼爱的路上，具有一种摩顶放踵的牺牲精神。因此，他开创的墨家，被认为是中国传统文化中最具有救世情怀的学派。其观点集中在《墨子》一书中。

《墨子》成书于战国时期，今存53篇，内容驳杂，按照胡适、梁启超等学者的观点，大概可以分成五组。

第一组包括《亲士》《修身》《所染》《法仪》《七患》《辞过》《三辩》7篇，都是后人伪造的。前三篇全无墨家口气，反而颇有道家、儒家言论。后四篇是根据墨家余论而作,可以看作墨学概要,梁启超认为应当先读。

第二组包括《尚贤》《尚同》《兼爱》《非攻》《节用》《节葬》《天志》《明鬼》《非乐》《非命》《非儒》等24篇,多"子墨子曰"的字样,应该是弟子记录、推演墨子学说的文本,也有后人加入的内容。

这些篇章每个主题都分上、中、下三篇,文义大同小异,为何如此?民国学者陈柱做了一番复盘:"余意墨子随地演说,弟子各有记录,言有时而详略,记有时而繁简,是以各有三篇。当时演说,或不止三次,所记亦不止三篇。然古人以三为成数,……故编辑《墨子》书者,仅存三篇,以备参考,其或以此乎?"很有道理,但细读文本可以发现每个主题的上篇往往比中、下篇的逻辑更严密、论说更到位,学者推测上篇的形成比中、下篇要晚,因此更加成熟一些。编辑者把最好的文本置于最前,说明深谙传播之道。

第三组包括《经》《经说》《大取》《小取》等6篇,既不是墨子的书,也不是弟子记墨子学说之书,而是与惠施、公孙龙等名家学说十分接近。

第四组包括《耕柱》《贵义》《公孟》《鲁问》《公输》5篇,是墨家后人将墨子言行编辑而成,类似《论语》。其中很多材料比第二组还重要。

第五组从《备城门》到《杂守》共11篇，所记皆墨家守城之法，在《汉书·艺文志》的分类中属于"兵技巧"，也夹杂着一些阴阳学说。

总之，集中体现墨子思想的，是第二组和第四组文章。清代学者孙诒让说，读墨子，从《尚贤》到《非命》就够了。从中可以看出，墨家是儒家最早的反对派和论敌。儒家说爱有差等，墨子就说要兼爱；儒者讲究厚葬，墨子提倡薄葬；孔子推崇音乐，墨子就说非乐；儒学远鬼知命，墨子明鬼非命……可以说，凡是儒家支持的，墨家就反对；凡是儒家反对的，墨家就支持。因此，读完《论语》看《墨子》，就像去完极地去赤道，冰火两重天。

值得一提的是，第三组和第五组文章，在逻辑学、光学、物理学、兵法等诸多方面对中国古代科技有卓越贡献。李约瑟就曾据此称赞"墨家的科学成就超过整个古希腊"。是不是过誉暂且不论，极力肯定的背后说明墨家在这方面确实有两把刷子。

小贴士

《墨子间诂》是清末学者孙诒让的代表作。这是一部集清人校释《墨子》之大成而又有所开创的著作。经他整理之后,《墨子》才算是有了一个比较好的版本。今人的著作可以参看方勇译注的《墨子》,其以《墨子间诂》为底本,并广泛参考了先贤时彦的研究成果。此外,推荐方授楚的《墨学源流》,其系统介绍了墨子生平、《墨子》一书、墨学产生背景和渊源、体系及其政治、经济、宗教等学术思想,论述了墨家的组织、传授、发展、衰微、复活的过程,并对诸种异说进行了驳斥。

假如孟子参加辩论赛

子书纷纭（三）

朱元璋很讨厌孟子。

虽然孟子被称为"亚圣"，是仅次于孔子的圣人，待遇高到能在孔庙里陪着孔子吃冷猪肉，术语叫配享，但是明太祖洪武四年（1371年），朱元璋放言：这老头儿要是活到今天，非严办他不可。

朱元璋为啥这么痛恨孟子？因为他很厌恶孟子的重民思想，尤其那句"民为贵，社稷次之，君为轻"。不过，既然孟子活不到明朝，朱元璋的火儿撒不到人身上，就只能拿书出气。

洪武二十七年（1394年），朱元璋下令，把《孟子》书中所有涉及抬高民众、重视民瘼的章节全部删去，改名叫《孟子节文》。《孟子》引用了《尚书》里的一句"时日害丧？予及女偕亡"，这是痛骂"昏君榜样"夏桀的话，也不能留，给删了。

就这样，前后一共删了85条。不准读书人学习这些被删内容，更不准将其列入考试范围，客观上给那时的学生们"减负"了。甚至有一段时间，孟子牌位也被赶出了孔庙，冷猪肉的待遇也不给了。

这一出闹剧并没有给孟子的形象造成多大的损害，《孟子》

全本依然流传至今。一方面，重民思想从古至今都是中华传统思想的重要组成部分，禁是禁不了的；另一方面，《孟子》这本书确实有很高的阅读价值。

历来孔孟并称，皆因二人思想上有承接关系。落实到书上，《论语》是古代读书人的必读书，《孟子》也是。《孟子》是记录孟子言行以及孟子和当时人、弟子互相问答的书，文字比较浅显，容易懂，行文酣畅，读起来很痛快。

古人读《孟子》，大多着眼于孟子阐发的义理。比如宋代人施德操写过一本《孟子发题》，提出孟子有四件大功：一曰道性善，二曰明浩然之气，三曰辟杨墨，四曰黜五霸而尊三王，"皆圣人心术之要，而孟子直指以示人者。"

今天常把孟子的"性善论"和荀子的"性恶论"并谈，二人立论截然相反，却各自言之成理。对此可以持一种类似观看国际大专辩论赛的态度，不必赞成一方反对一方，而是欣赏他们论说的技巧，学习他们表达的创新，吸取他们有益的思想，"坐山观虎斗"，当个得利的渔翁。这其实也应该是今天我们读古籍的一种普遍态度。

事实上，孟子的年代，诸子百家为了让在位者接受自己的主张，好似展开了一场大辩论，游说君主采纳己意。《孟子》书中洋溢着雄辩的气味，滔滔不绝的排比句，就是那个时代的反映。

最有名的就是《告子》篇中的这句："故天将降大任于是人也，必先苦其心志，劳其筋骨，饿其体肤，空乏其身，行拂乱其所为，所以动心忍性，增益其所不能。"激励了一代代奋进的中华儿女，与"我善养吾浩然之气"一起，成为中国人共同的精神参照物。

与《论语》相比，《孟子》的哲学味道显得更浓一些，是因为孟子有一套外推术，用来论证他的观点。

比如在《公孙丑》篇中，孟子论说"仁义礼智"的起源：比如现在有人突然看见一个小孩子要跌到井里去了，任何人都会有惊骇同情的心情。这种自然产生的同情之心，就是仁的萌芽，羞耻之心是义的萌芽，推让之心是礼的萌芽，是非之心是智的萌芽。

从假设看到小孩落井产生的同情心，外推出人人都有同情心，又外推出人人都有仁义礼智的萌芽。这种方法看似环环相扣，其实不需要任何严密的论证，只是进行简单粗暴的比附，就能随心所欲地引出自己的结论。

又如孟子论证"性善"：人性的善，好比水往低处流。人没有不善的，水没有不往低处流的。这种善与水的生硬比附毫无道理、逻辑可言。如果反方"性恶论"辩友说：人性的恶，好比水往低处流。人没有不恶的，水没有不往低处流的。孟子该如何反驳?

尽管论说有气势,又有一套"逻辑",可孟子跟孔子一样,跟当权者沟通时,不逢迎,不苟合,不懂顺毛捋,老是跟人家拧着来。

比如在《梁惠王》篇中,孟子对齐宣王说:您有一个大臣,把妻子儿女托付给朋友照顾,自己去楚国玩了。等他回来发现,妻子儿女在挨饿受冻。对待这样的朋友,应该怎么办呢?

齐宣王说:和他绝交。

孟子说:假如管刑罚的长官不能管理他的下级,那应该怎么办呢?

齐宣王说:撤掉他。

孟子说:假如一个国家的政治搞得很不好,那又该怎么办呢?

齐宣王回过头来,左右张望,把话题扯到别处去了。

这样的失败游说,《孟子》书中不知写了多少次。既然不能为世所用,孟子在70多岁的时候,就回家和弟子万章、公孙丑一起写出《孟子》七篇。

小贴士

关于《孟子》的注解书首推杨伯峻的《孟子译注》,注释准确,行文平实,是最好的《孟子》入门书。朱熹的《孟子集注》也值得翻看,朱熹的解读一贯是简明扼要,不拖泥带水,观点具有超前性,今天读来很多也不过时。清代学者焦循的《孟子正义》,在汉代赵岐注的基础上,博采经史传注及清代经学家对《孟子》的解说,对于典章名物制度等详加考辨,可视作从清初到清代中期《孟子》研究的精品之作。

爸爸是婆娘？

子书纷纭（四）

《荀子》一书历来争议不大，大部分是荀子自己写的，很可靠，当然后人也有增益。

荀子自己说了，他的书是因"嫉浊世之政"而作，书中颇多洞察社会政治、道破人情世故、指示立身行事之法；涉及哲学、伦理、政治、经济、军事、教育、语言、文学等多个领域，一向被目为百科全书式的著作。读《荀子》，不但可以了解古人的学术思想，也有益于读者立身处世。

青出于蓝而胜于蓝。作为儒家集大成式的人物，荀子改造了孔子的学说，对孟子则全盘否定。其哲学观的关键词是"性恶"。可惜荀子和孟子不同时，不然他们俩若能面对面激辩一番，场面一定十分精彩。不但立论针锋相对，文辞华丽也是自不待言。

孟子滔滔雄辩，天下闻名；荀子当过齐国稷下学宫的祭酒，相当于大学校长，也是口才了得。郭沫若写《十批判书》，把《孟子》《庄子》《荀子》《韩非子》列为先秦散文"四大台柱"："孟文的犀利，庄文的恣肆，荀文的浑厚，韩文的峻峭，单拿文章来讲，实在是各有千秋。"

《荀子》一书内容丰富，逻辑严密，环环相扣，一方面强调后天学习的重要性，另一方面提出在政治领域要用礼与法来规训，兼重道德教化与法治刑赏。政治的基础是经济，《荀子》详论富国之道；战国时攻伐不断，《荀子》又专门论及军事，认为"仁人之兵"无敌；此外，其他篇章品评诸子百家思想、阐述语言理论、首开辞赋先河，都有值得细琢磨的地方。

这本书编排得这么好，得益于历代整理者的工作。先是西汉的刘向，把国家藏书中的《荀子》校订为32篇，称为《荀卿新书》。唐代学者杨倞是第一个为《荀子》作注的人，他重新排定《荀子》的篇次，新编目录，分为20卷，改名为《荀子》。从此，此书的名字、形制相沿至今。清中叶，《荀子》的校勘、训诂大盛，汪中、卢文弨、谢墉、郝懿行、王念孙等朴学大家相继用力于此书。光绪年间，学者王先谦融诸家之说，附以己见，撰写《荀子集解》，一问世就成为近代以来最通行的《荀子》读本。

《荀子》一书中穿透历史的思想很多，从训诂的角度来看，最有价值的一点是"正名"。

"名"在逻辑学中指概念，在语言学中指词。先秦时期，周人把玉叫作璞，郑人却把老鼠叫作璞。baba，汉语是爸爸的意思，俄语是婆子、婆娘的意思。母亲，有的地方叫妈，有的地方叫娘。这些例子说明，虽然每个词汇都有语音和语义，但二者并没有天然的联系。不同民族、不同地方，可以用不同的声音表示相同的意义,也可用相同的声音表示不同的意义。

为什么会这样?《荀子·正名》提出了一个千古不刊之论:"名无固宜,约之以命,约定俗成谓之宜,异于约则谓之不宜。"意思是,名称没有本来就合适的,人们共同约定某个名称来给事物命名,约定的名称确立下来并且形成了习惯,这就叫作合适的;与共同的约定不同的,就叫作不合适的。我们把马叫作马,你就不能管它叫牛。在这方面,真理掌握在多数人手里。

一个词说明一种或几种事物、现象,这种对应关系是由使用这种语言的集体,在互动过程中约定俗成的。《荀子》这个约定俗成的原则,点明了词义的社会性。这一点提醒人们,在理解、训释词义时必须根据特定的社会现实和语言现实,不能带主观任意性。

中国幅员辽阔,自古就有复杂的方言。《论语》里说,孔子用"普通话"读《诗》《书》,用"普通话"主持礼仪,说明当时就有通行语和方言的区别。《荀子·正名》里说,万物的名称要依从中原地区华夏各国已经形成的习俗与共同约定。也就是说,方言区要向普通话区靠拢。这里谈的是语词的地域性。

此外,《正名》篇还点明了语词和词义的历史性。荀子说,现在出现了很多新的怪癖的词句,名称和实际事物的对应关系很混乱,将来对旧的名称会有所沿用,并创制一些新的名称。因此,对于为什么要有名称、制定名称的关键,就不能不搞清楚了。

换言之，今天的旧词是昨天的新词，今天的新词是明天的旧词，随着历史的发展，词语不断新旧汰换，词义有转移或伸缩的变化，名实之间会发生矛盾，对此不可不留心细察。

论证语词的社会性、地域性、历史性，只是《荀子》思想宝库的冰山一角，更多真知灼见，尚待诸君的发掘。

小贴士

清人王先谦的《荀子集解》和今人张觉的《荀子译注》，是读懂《荀子》的两把钥匙。前者充分吸收唐人杨倞及清代卢文弨、王念孙、顾千里等学者注释考证之成果，对《荀子》文字及其微言大义重加校释疏通，内容宏富，考证严谨，代表了中国古代荀学研究之最高成就；后者博采前人之长，而又力求超越前人之短，颇多独立见解，译文通顺流畅，有自己的特色。

模糊的作者迷糊的道

子书纷纭（五）

漫画《丁丁历险记》里有一集叫《蓝莲花》，里面有个神经错乱的小伙子，对丁丁说："老子说过：要得'道'！我已经得'道'了，你也应该得'道'。我先砍下你的脑袋，你就会悟出这个道理来！"

比利时漫画家埃尔热设计了这个桥段，说明他知道中国的道家思想，以及道家思想的核心概念——道。至于他知不知道"道"是什么意思，就不知道了。当然，他是外国人，不知道情有可原，因为很多中国人恐怕也不清楚。

《老子》开篇第一句话就是："道可道也，非恒道也；名可名也，非恒名也。"有的版本"恒"写作"常"，那是为了避汉文帝刘恒的讳而改的。这句话怎么断句、怎么理解、怎么写，都是见仁见智的问题。

道、玄牝、无为、守雌……全书充满了天书一样的语言，玄之又玄，想破头都难懂。按照老子的说法，"道"是终极的东西，无法言说，凡是可以言说的都不是道。照这么理解，无怪乎要砍下脑袋才能悟出来了。

关于《老子》其书，老子其人，从一开始就是一笔糊涂账。

《史记》给孔子作传，有很多事可写，哪一年干了什么，年谱都能排出来。弟子也蔚为大观，以至于可以写成《仲尼弟子列传》。反观老子，《史记》写老子，一共才400多字，无事可写，无言可记。弟子就一个关尹喜，出场就下场。

因此，老子的形象很模糊。他给人最深的感觉，就是年龄大。司马迁说他活了160岁。年龄大的人容易糊涂，但老子显然是在没有糊涂之前写下的《老子》。郑板桥说，聪明难，糊涂难，由聪明转入糊涂更难。

作为一名"隐君子"，老子提倡隐姓埋名。别看他成天像呆木头一样坐着，但心里明镜似的。他在洛阳待久了，看着天下一天比一天烂下去，终于弃官而走，一路西行。

在函谷关，守关的关尹喜留他小住，希望他写下点儿什么，以免一肚子学问没人知道。于是，老子著书上、下篇，言道德之意，为五千余言。这书就是《老子》，又叫《道德经》。鲁迅先生的小说《出关》将这个过程写得很有意思。

今本《老子》分上、下二经，1至37章是《道经》，38至81章是《德经》。既然叫《道德经》了，那么《道经》在前，《德经》在后，就顺理成章了。

但是1973年，在湖南长沙马王堆汉墓出土了写在帛书上的《老子》。人们惊奇地发现，出土的帛书名叫《老子五千言》，不叫《道德经》，而且是《德经》在前，《道经》在后。

于是有人称，马王堆出土的《老子》才是正版的，传世版本的《老子》是盗版的。怎么看这两个版本，学界意见并不统一。《韩非子》对《老子》做过注解，就是《解老》篇，上来就先讲第38章，说明韩非看到的《老子》也是《德经》在前。

读《老子》跟读《论语》，体验大不相同。读《论语》，好像听一位絮絮叨叨的老先生在和弟子、朋友聊天，你一言我一语，有时争论还很激烈、很热闹，毕竟全书出场人物多达156人。

读《老子》就显得很寂寥，书里没故事，没人物，空空如也，如入无人之境。是谁在说话？是说给谁听的？是在什么情境说的？全不知道。非要找，只能找出3个抽象的人。一个是"我"，假想的统治者；一个是"圣人"，统治者的榜样；一个是"民"，统治者的臣民。

这可以说明《老子》其实是在教统治者如何治理老百姓。因此，才有多达4位帝王为之作注——唐玄宗、宋徽宗、明太祖、清世祖。此外，令人称奇的是，南朝梁元帝不仅著有《老子讲疏》，在西魏大军压境、兵临城下之际，还在给群臣讲解《老子》。

讲治术，韩非很露骨，老子很隐晦。讲道理，韩非擅长用故事，老子精于打比方。《老子》最爱打下面这三种比方。

论道，《老子》说它是"天地母""万物之母""天下之母""既得其母，以知其子"，最喜欢用母亲生孩子打比方。

论德，《老子》说"含德之厚者，比于赤子"，赤子就是婴儿，最喜欢用刚出生的小孩打比方。

论处世，《老子》说"上善若水""天下莫柔弱于水"，最喜欢用溪、谷、水打比方。

《老子》其书虽然讲得朦朦胧胧的，如同雾里看花，但读起来却朗朗上口，便于记诵。因为这本书多运用短章，还讲究押韵，韵脚很密，是一种韵文。但它不能称之为诗歌，因为只能吟诵。《诗经》是诗歌，因为都能唱出来。

读书百遍，其义自见。《老子》字不多，再朦胧，多读几遍，就能有所收获。今天我们常引用的词句，诸如"道法自然""大器晚成""祸兮福之所倚，福兮祸之所伏""民不畏死，奈何以死惧之"，都是来自此书。

小贴士

首先推荐李零的《人往低处走》，此书利用出土文献，用大白话解读《老子》，阅读起来轻松，思考起来深刻，既准确地还原了《老子》一书的本来面目，又介绍了《老子》与其他先秦古籍的关系。其次推荐陈鼓应的《老子今注今译》，先对老子哲学做了全面的介绍，接着注释全文，通俗易懂，文字优美，学术容量大，既适合初学者，又可作为深入研究老庄学说的指南。

遭逢乱世,活着就好

子书纷纭(六)

就像诗歌一样,那些充满奇诡想象、华丽辞藻的古籍,是不宜翻译成白话文的,比如《庄子》。

北冥有鱼,其名为鲲。鲲之大,不知其几千里也。化而为鸟,其名为鹏。鹏之背,不知其几千里也。怒而飞,其翼若垂天之云。是鸟也,海运则将徙于南冥。南冥者,天池也。

这是第一篇《逍遥游》的第一段话,全书以这样奇特的意象作为开头,借由文言的简约,留足想象空间,让人读来立刻眼前一亮,顿生荡气回肠之感,奠定了《庄子》的主基调。

翻译成白话,气势马上大减:北海有一条鱼,它的名字叫作鲲。鲲的巨大,不知道有几千里。化成为鸟,它的名字叫作鹏。鹏的背,不知道有几千里;奋起而飞,它的翅膀就像天边的云。这只鸟,海动风起时就迁往南海。那南海,就是天然的大池。

如此味同嚼蜡的翻译,还是出自享誉世界的道家学者陈鼓应。这不是学者功力高低的问题,而是古文的表达特点决定的,换谁都翻译不出原书的气势和意趣来，除非添油加醋。

让人感慨"庄式语言"很奇特、思路迥异于常人的地方，还在于庄子经常做出颠倒常识、出乎意料、包含哲学意味的表述。

比如"天下莫大于秋毫之末，而大山为小"这句话。秋毫是秋天大雁的毫毛，世界比秋天大雁的毫毛尖还小，简直进入了原子世界。

又如著名的"不知周之梦为蝴蝶与？蝴蝶之梦为周与？"美剧《小谢尔顿》里，科学神童谢尔顿被庄周梦蝶这一哲学命题弄得对现实、对科学产生了怀疑，甚至梦见自己变成了蝴蝶。

再如"孰能以无为首，以生为脊，以死为尻"这句，谁能把"无"当作头，把"生"当作脊梁，把"死"当作屁股？这种比喻和想象简直匪夷所思。

把想象力拓展到常人所不能及之处，无怪乎鲁迅评论说："（《庄子》）其文则汪洋辟阖，仪态万方，晚周诸子之作，莫能先也。"

如果仅仅是文笔好，《庄子》只需要在先秦文学史上出现即可，但这是一部"脚踩两只船"的著作。研究中国文学、中国语言，《庄子》不能不读；研究中国学术、中国思想，《庄子》更绕不开。

中国人喜欢讲"达则兼济天下，穷则独善其身"。前半句的版权归儒家，后半句的归道家，尤其是《庄子》"全生养身"的思想。读《庄子》，可以感受到充盈全书的浓郁的避世思想，这是庄子生活时代（公元前365—前290年）的反映。当时，正值战国末年"争地以战，杀人盈野"的时期，人们如何苟全性命于乱世，是庄子关注的焦点。

《史记》记载，楚威王听说庄周是个贤能的人，于是派遣使者带着丰厚的礼物去迎请他，许诺任命他做楚国的国相。

庄周笑着对使臣说：千金，的确是丰厚的礼物；卿相，也确实是尊贵的权位。可是，您难道没有看见那些用来做祭祀而被宰杀的牛吗？它们被喂养几年后，就会披上绣着精美纹饰的彩缎，被赶进太庙之中。这时，就算它只想做一头猪，难道能实现吗？您赶紧离开吧，不要让我受到污染。我宁可在污浊水沟中自娱自乐，也不愿意受那些掌国者的管束。一辈子都不当官，才让我的心情愉快呢。

活着是第一位的，高官厚禄、名誉地位都在其次，只要能活下去，庄子宁可当一头猪。从这个视角切入，读《养生主》《人间世》《德充符》等篇就会有更深刻的体会，才会理解庄子说的"厉与西施，道通为一"的意思，即丑女与美女没有本质区别；进而理解庄子为什么反复告诫人们，不要成为有用之才，而是要懂得"无用之用"。

《人间世》里，庄子讲了这么一个故事。有位名叫石的木匠去齐国，见到一棵被拜为土地神的栎树。这棵树太大了，可以遮蔽数千头牛,比山还高,可以造十几条船。围观者很多,但木匠看都不看,接着走。他徒弟仔细看了,对师傅说:我自从跟随您做木工,没见过这么美的木材,先生却看都不看,行走不停,为什么?

木匠说:罢了,别说了,这是没用的木材,做成船就沉,做成棺材很快就烂,做成木器很快就坏,做门做窗户都不结实,做柱子容易生蠹虫,不能当材料用。正是因为没有可用之处,这棵树才能如此长寿,如此高大。

基于同样的道理,庄子推崇、赞美支离疏、哀骀它、兀者这样的人,因为他们皆因残缺而在乱世得以免祸。

庄周的文笔和思想,影响深远,深受读书人的喜爱,就连皇帝也被吸引。唐玄宗下诏封庄子为"南华真人",《庄子》也就又被称为《南华真经》。全书33篇,分内篇7、外篇15、杂篇11。内篇的思想、文风比较一致,应该是庄周自著。外篇、杂篇则兼有后学之作,并混入了其他学派的内容,与内篇的观点多有出入。因此,读《庄子》的顺序也就显而易见了,不是吗?

> **小贴士**
>
> 《庄子》的今人译注可以参看陈鼓应的《庄子今注今译》，这是一部经典的《庄子》通俗读本。孙通海译注的《庄子》，节选原书精华进行注译。陈引驰的《庄子精读》，也是选择精华篇章进行解读，并归纳出几大主题，有助于读者更加全面深入地把握庄周思想。特别推荐刀尔登的《鸢回头》，此书打包解读《论语》《老子》《庄子》，引领读者进入孔子、老子、庄子的思想世界，纠正种种不实和曲解，眼光独到，语言犀利睿智，又不乏幽默，书也不厚，值得翻阅。

弱国出了强权思想

子书纷纭（七）

再有智慧的人治国，也不如用法治国好，这是法家的观点。

《韩非子·难三》里讲过一个故事，说郑国的名臣子产早晨出门，路过居民区时，听见妇女的哭泣声。子产示意车夫停车，仔细听了一会儿，派官吏把那个妇女捉来审问，断定她就是亲手绞死丈夫的人。

过了几天，车夫问子产：您是根据什么知道那个妇女是凶手的？子产说：她的哭声显得很恐惧。一般来说，人们对于亲爱的人，刚病时忧愁，临死时恐惧，死去后悲哀。那天她哭已死的丈夫，不是悲哀而是恐惧，所以知道她有奸情。

对此，韩非评论说，奸情一定要等子产亲自听到和看到，然后才了解，那么郑国能查到的奸情就太少了。不任用主管监狱诉讼的官吏，不采用多方面考察验证的治理措施，不彰明法度，而依靠个人聪明，劳心费神去获知奸情，难道不是缺少治国的办法吗？君主难以普遍地了解臣下，所以要依靠人来了解人，利用事物来治理事物。

《韩非子》整本书就是这样，特别喜欢用寓言故事来说明道理。什么道理呢？就是围绕"怎样做君主"这5个字做文章：君主怎样最有效率地利用臣下来为自己做事情，怎样防范臣下产生弑君篡位的野心，如何富国强兵，如何生存发展，等等。

作为先秦法家思想的集大成者，韩非批判地吸收了商鞅、申不害、慎到等人的学说，提出了以法为主，法、术、势相结合的法治理论，完成了这部《韩非子》，当然也有后人增窜的部分。

北宋宰相赵普说过"半部《论语》治天下"，国学大师章太炎则提出"半部《韩非子》治天下"。这两种说法正是看到了中国古代社会统治思想是由"王道+霸道"组合而成的，是儒家思想与法家思想的结合。二者互相渗透，相辅相成。韩非本人是儒家大师荀子的学生，也可以说明这一点。

韩非是战国七雄中最弱小的韩国的公子。他目睹国家衰败不振，自己的谏言也不被接纳，只好埋头著述，写下了10多万字的雄文。可谓弱国出了强权思想。

当时秦王嬴政正踌躇满志，准备一统天下，偶然读到韩非写的《孤愤》《五蠹》等文章，产生极大兴趣，还以为是哪位前贤所作，遗憾自己见不到其人。这足以说明韩非著作的流传之广、影响之深。直到清末，翻译家严复给光绪上"万言书"，其中还说道："在今天要谈救亡图存的学说，我想只有申不害、韩非子的大致可用。"

《韩非子》一开始叫《韩子》。北宋时，欧阳修十分推崇韩愈，称之为韩子。此后，人们说的"韩子"就多指韩愈，韩非的

《韩子》就改称《韩非子》了。

今本《韩非子》有55篇，按内容来说，可分为六组。第一组，《孤愤》《说难》等是上书韩王的进谏之作，阐述帝王之术和政治韬略，渴望得到君主的理解和重用。

第二组，《解老》《喻老》等哲学著作，是韩非解释《老子》的作品，将老子之道进行了有利于君主专制的改造。

第三组，内、外《储说》等资料汇编，包括韩非搜罗、汇集的历史故事、当代掌故，用以印证他的"帝王南面之术"。这部分的故事都很精彩。

第四组，《用人》《功名》等政论文章，是韩非系统阐释政治思想的作品，论述君主的治国用人之道。

第五组，《难》《显学》等疾世之作，是韩非痛斥时弊、指点天下的激扬文字，既批驳儒家思想，又非难墨子学说，要求用法家理论来统一思想市场。

第六组，《初见秦》《存韩》等是后人附会增窜之作。

韩非本人口吃，说话不利索，但文章写得是真好，辞采飞扬，比喻巧妙。他尤其善于讲故事，把观点藏在故事之中，比滔滔雄辩更有力量，更容易让人接受。年深日久，很多故事，人们可能已经忘了它要说明的道理，但记住了故事本身，用在日常表达中，变成了成语，如自相矛盾、守株待兔、滥竽充数、买椟还珠、唇亡齿寒、一鸣惊人、老马识途……太多了，流传至今。

最后要说明的是,《韩非子》中虽然包含一些"法律面前人人平等""法不阿贵"等进步思想和符合现代政治文明的法律原则,但书中赤裸裸的统治术和政治操作,过于偏激,十分功利,充斥着浓郁的专制思想,需要仔细甄别。正如近代学者冯振所说:"《韩子》乃药石中烈者,沉疴痼疾,非此不救;用之不当,立可杀人!虽知医者,凛凛乎其慎之!"

小贴士

清末学者王先慎所撰的《韩非子集解》,参考了多种版本,利用了《太平御览》《艺文类聚》《群书治要》等类书资料,吸收了王念孙、卢文弨、顾广圻、俞樾、孙诒让诸家的校释成果,阐述了自己的研究心得,是研究《韩非子》的重要资料。不过,对于一般读者来说,还是读今人的译注本最合适,如张觉等人撰写的《韩非子译注》、梁启雄的《韩子浅解》、陈秉才译注的《韩非子》、周勋初等人的《韩非子校注》。

别把孙子读窄了

子书纷纭（八）

《孙子兵法》与《孙膑兵法》联袂出土！

1973年，山东银雀山汉墓的这一惊人发现，证明了孙武和孙膑是两个人，从而打翻了一串人的研究成果。

从南宋的叶适，到清代的全祖望、姚鼐，再到现代的钱穆，都怀疑没有孙武这个人，并考证《孙子兵法》应是孙膑所作。出土实物让孙武和《孙子兵法》牢不可破地连在一起。

不过，"钱穆们"的疑问并没有完全获得解答，比如记录了492场战争的《左传》，一次也没提过大军事家孙武，有些不可思议。的确，关于孙武本人，由于史料太少，翻来覆去就是《史记》里那几句话，看不出他实际用兵的奇妙之处，面目确实模糊不清。

但这并不妨碍《孙子兵法》这部书，清清楚楚地向我们展示了中国军事学著作所达到的高度。英国战略家利德尔·哈特认为，在西方，只有克劳塞维茨的《战争论》可以和《孙子兵法》相提并论，而《孙子兵法》更深刻。此外，虽然比《战争论》早问世两千多年，但《孙子兵法》更理性，不像《战争论》那样强调暴力的无限作用。

这般推崇，并非溢美之词。让我们先从文本谈起。

《孙子兵法》共13篇，6000多字，是一个完整有机的体系，章与章的划分，篇与篇的排列，井井有条；而且，逻辑严谨，层层递进，从战争的准备、战略的制定、战术的选择，到行军的门道、保障的重要性、战法的运用，进行了层次分明、贯通一致的阐述。正如欧阳修所说，"其言甚有次序"。

以第一篇《计》篇为例，全篇可分为四段，第一段讲军事是国之大事，第二段讲定计的依据，第三段讲用计于实战，第四段讲通过计算可预知胜负。这四段，一头一尾短，中间详细，典型的橄榄型结构。开头点题，中间论证，收尾总结，前后呼应，结构严谨。先讲定计，再讲用计，相映成趣，逻辑自洽。整篇写法简洁明了，榫卯相接，他人没法改动。

全部13篇都是如此，就好像《登徒子好色赋》里的东家之子，"增之一分则太长，减之一分则太短；著粉则太白，施朱则太赤"，恰到好处。

行军打仗颇有一套的曹操很推崇《孙子兵法》，他说他看过很多兵书，要说道理深刻，还得数《孙子兵法》。不光读，曹操还给《孙子兵法》做注解，写了一本书叫《孙子略解》，对难懂的地方进行解释说明。今天我们看到的《孙子兵法》，最早来源就是曹操的注解本。

按内容来看，《孙子兵法》13篇可以分为四组，前两组侧重军事理论，后两组侧重应用技术。

第一组，权谋组，包括《计》《作战》《谋攻》3篇，讲庙算、野战、攻城。庙算是开战前的君臣谋划阶段，野战是打败敌人有生力量，攻城是拿下对方关键据点。这是完整的战争三部曲，是对战争的全景扫描。

第二组，形势组，包括《形》《势》《虚实》3篇，讲如何分配兵力，强调快速机动，灵活反应。形和势是一对矛盾，虚和实是一对矛盾，这两对矛盾如何调整，如何运用，如何转化，孙子讲得精彩纷呈。

第三组，战斗组，包括《军争》《九变》《行军》《地形》《九地》5篇，是承接上一组文章思路，展开具体讨论，围绕"打"和"走"做文章，"走"是为了"打"，"打"要依靠"走"，主要讲"走"，"走好"才能"打好"。

第四组，技术组，包括《火攻》《用间》2篇，是更加具体的作战指导。一篇讲武器的使用，一篇讲间谍的使用，都具有很强的工具性、实用性、技术性。在古代，火是最厉害的武器，火攻是"高科技战法"；用人上，如何使用间谍，学问最大。

全书思维的整体性、思辨的深刻性、思考的全面性，在先秦古籍中是罕有其匹的。民国军事学家蒋百里说："十三篇结构缜密，次序井然，固有不能增减一字，不能颠倒一篇者。"相比先秦时期的很多书都是由只语片言、零章碎句组成，像《论语》那样，东一言西一语，不成体系，《孙子兵法》厕身其间，鹤立鸡群，简直不像同一时代的产物。这就体现了《孙子兵法》的超越性，不为时代所限，不为国界所囿。

今天，先秦古籍中，《孙子兵法》的读者范围之广应该是数一数二的。从商业竞争、企业管理、金融投资，到政治统御、外交艺术、科技创新，再到医疗卫生、体育竞技、心灵鸡汤，各个领域都有大量借《孙子兵法》来说事的案例。

如此读法，这样应用，是所谓的带着问题读，是急用先读，求立竿见影之效，实质是把《孙子兵法》读小了，读轻了，读窄了。《孙子兵法》是哲学书，层次高。要把哲学理论应用于实际，得从哲学的高楼，一层一层往下走，中间要有层次转换，千万别一头扎下去，不然就变成《三十六计》那样的阴谋诡计了。所以，对于《孙子兵法》，还是得老老实实读，先把书原原本本读好，再谈扩展应用，这才算读懂了孙子。

小贴士

李零的《兵以诈立》和《唯一的规则》，是读懂《孙子兵法》的利器。这两部著作以生动活泼的语言、丰富具体的资料，向读者展现出中国古代最伟大的兵法著作的丰富内涵，介绍了博大精深、源远流长的中国兵学知识，并对军事学、思想史、古代哲学等相关内容进行比较研究，使读者在轻松的阅读中全面深入地了解《孙子兵法》，获得真切的兵学知识。同时，可以参看郭化若译注的《孙子兵法》。李零是学院派，郭化若是军事家。该书在郭化若注评的基础上又加上了曹操的注，将孙武、曹操、郭化若的军事思想融为一书，实现了古今军事家的隔空对话，有助于读者把握中国两千年来军事思想演化的脉络。

孔子说的就都对吗?

子书纷纭(九)

　　孔子被捧上了神坛。王充想把他请下来。

　　事情要从汉武帝"罢黜百家、独尊儒术"说起,这是中国历史上一件大事。被罢黜者,丢盔弃甲;被独尊者,鸡犬升天。

　　生前四处奔走不受重用的孔子,一下子成了万众景仰的孔圣人。他的言论、话语成了宇宙真理,简直"一句顶一万句"。先秦典籍五经,作者的头衔都被安到孔子头上。西汉设立五经博士,学问和利禄挂钩。加上谶纬迷信的盛行,两汉社会充斥着一股虚妄的学风、世风,人们喜欢谈论灾异、对圣人的所谓微言大义孜孜以求,学问越做越歪。

　　这时出现了一个逆潮流而动的王充。

　　王充是浙江人,出生于汉光武帝建武三年(27年),大约在汉和帝永元八年(96年)去世。他自称出身小门小户,别人也总嘲笑他祖上没有打下好基础。王充学习很刻苦,家贫无书,就经常去书店蹭书看,凭着过目不忘的本事,博通了百家学问。虽然在洛阳上过太学,但王充仕途不顺,没当过什么大官,顶多在扬州干过一阵子文秘工作,不过是一百石小吏。

　　王充一生勤于著述,但流传至今的只有《论衡》84篇。为什么写这本书？他说，就是因为看到市面上的众多书籍，编排失实，充斥虚伪言论，因此写《论衡》"订其真伪、辨其实虚"。《论衡》的批判锋芒主要指向三类书：喜言灾异的谶纬迷信之书、俗儒穿凿附会的传记、"圣人"信口雌黄的经书。

比如，两汉时期最大的"政治正确"莫过于"天人感应"。这一流行观念集中体现在班固的《白虎通·灾变篇》。书里说，天为何降下灾变？是为了谴责皇帝，让他觉察到自己的错误言行，从而悔过修德。

王充不信，反唇相讥：国家能遇上灾难，家庭也会遇上；有灾难，就说是上天谴责皇帝，为啥不是谴责家人呢？而且不是说天道自然、无为而治吗？如果告诉世人了，那就是有为，不是自然啦。

持论如此，王充得罪了当时及身后至少17个世纪的读书人，以至于《四库全书总目提要》提到《论衡》，恨得牙痒痒：言辞过激，跟圣贤对着干，真是狂悖之徒。但又不能不承认其在订正讹误、针砭世俗上，合乎道理之处也不少，有益于风俗教化。因此，结论是，攻击这本书的人很多，喜欢的人也不少，有不可废弃的价值。

这种不可废弃的价值，主要体现在王充不随波逐流、坚持理性的态度上。

为了迎合国家政治需要，汉代一批学者改造儒家学说，神化为儒教；抬高儒家圣贤，幻化为神人。向汉武帝建议"罢黜百家、独尊儒术"的董仲舒在《春秋繁露》中说：圣人通晓天地鬼神之事，对于人事成败、古往今来无所不知。

对此，王充表示极大怀疑，对圣人、经书、经说皆不迷信。他在《知实篇》中列举16个事例证明"圣人不能神而先知"，其中孔子占14例，孟子和周武王各占1例。

王充认为圣贤之言照样有错。比如《论语·颜渊》中，子贡问政，孔子告诉他三条，足食、足兵、民信，即有充分的粮食储备、充足的武器装备、取得人民的信任。孔子认为这三条，民信第一重要，其次是足食，再次是足兵。为什么这么排列？在他看来，自古以来死人的事经常发生，解除武装会被杀，没有粮食会饿死，但如果不能取信于民，纵有武器，纵有饭吃，也无法维持统治。

对此，王充反问：人民饥饿难耐，就会放弃礼义。礼义都不要了，人民还怎么信任你？他引用《管子》里的名言说："仓廪实而知礼节；衣食足而知荣辱。"谦让是因为有余，争夺是因为不足。孔子教子贡去食存信，能做到吗？没有人民的信任而有充足的食物，信任会自发产生；没有充足的食物却想取得人民的信任，就算你的愿望再怎么强烈，信任也是不会产生的。

王充坚持实事求是，敢于对圣贤和经传驳难、辨伪，同时对世人的盲从迷信也做了揭露和批判。他在《书虚篇》中说：世人相信那些虚伪妄说的书籍，以为记载在竹帛古籍上，便是圣贤传下来的，就没有不对的事情，因此就相信，就去认真读。其实那些书，多是故弄玄虚，编造惊人之论，来糊弄世俗之人罢了。比如有的书说，孔子弟子颜渊是千里眼，能见千里之外，只因超能力用得过多，早早去世。这是胡说八道，颜渊这么厉害，为什么《论语》里不说？为什么孔子从来不提？人眼所见，不过十里，再远就看不到了，这是常识。

类似驳斥，《论衡》一书中比比皆是。王充铆足劲反对虚妄迷信，以至于连神话传说、文学夸张也一概否定，这也成为他的局限。但作为2000多年前的学者，王充在孔子神话刚刚崛起之时，就开始怀疑、批判，属实难能可贵。毕竟，不轻信权威，不盲从众说，保持独立思考，这是任何时代都需要的宝贵品质。

小贴士

《论衡》的注释作品不多,可以参看黄晖的《论衡校释》。该书全面吸收前人成果,深入阐发了《论衡》蕴含的哲学奥义,方便读者研读。除了对原文详加整理外,该书还附有《论衡佚文》《王充年谱》《论衡旧评》《王充的论衡》《论衡版本卷帙考》《论衡旧序》《论衡集解》等资料,具有极大的参考价值。另外,钟肇鹏的《王充年谱》也有助于了解王充和《论衡》。

"微博"里的魏晋风流

子书纷纭(十)

三国时期著名的文人团体——"竹林七贤"中有位刘伶,特别爱喝酒。有一天他又想喝了,找媳妇儿要酒。刘夫人把酒具砸毁,一把鼻涕一把泪地说:你喝得太多了,这不是养生之道,对身体不好,必须赶紧戒酒!

刘伶说:你说得太对了,但我不能自己说不喝了,得在鬼神面前立誓。你赶紧准备些酒肉,以备祷告。

刘夫人很高兴,觉得老公听话了,准备了好酒好肉,放置在神像面前,请刘伶来发誓。

刘伶跪下祈祷说:天生刘伶,以酒为名。一饮一斛,五斗解酲(chéng)。妇人之言,慎不可听。说完就把酒肉吃喝进肚了,醉倒在地。

一斛等于十斗,一斗相当于今天的12斤,酲是醉酒的意思。按照刘伶的说法,他每次喝酒得喝上120斤才能尽兴,喝60斤就能解酒。古时候酒的度数是不高,但喝上60斤水也受不了啊。这当然是十足的夸张,但从此可以看出刘伶这个人放旷的性格,你不让我喝,我偏要喝到极致。

在当时严酷的政治环境下,一些文人借酒遁世以求自保,出了很多酒鬼和酒故事。今天即便不能理解当时的社会环境，看了这个原文不过110字的小故事，也能觉得刘伶这个人有点儿意思，跟夫人绕圈子讨酒喝，颇有些家庭情趣呢。

这样的故事，在《世说新语》中比比皆是。《世说新语》是南朝宋刘义庆所撰，分德行、言语、政事、文学等36门，上自东汉，下至东晋，记载了不少历史人物的逸事琐语，涉及政治、军事、经济、哲学、宗教、文学、美学等领域。

今天是新媒体传播时代，最欢迎有趣的短文字。比如微博，成为各种短言论、小故事的集散地。《世说新语》好像是天生为此而生的，全由一小段一小段文字组成，用寥寥几句话，不过几十字，顶多上百字，讲个小故事，品评人物，抒发情怀，或赞赏，或吐槽，或感慨，或猎奇，展现出当时人的风貌、思想和社会的风俗、习尚，是很好的历史资料。加上文辞简朴隽永，多金句，尤为人所称道。

比如，全书第一条第一句："陈仲举言为士则，行为世范，登车揽辔，有澄清天下之志。"陈仲举就是高喊"大丈夫当为国家扫天下"的汉末名士陈蕃。"澄清天下"一语恰如其分地表现出陈蕃志向高远、精神超迈的气质。

还有去国怀乡、感慨国事的名场面：东晋大将桓温北征，路过一地，看到之前在此为官时种的柳树，长得都很粗大了，慨然说："木犹如此，人何以堪！"攀枝执条，泫然流泪。

此外还有表现神韵悠然、高情远致的桥段：王羲之的儿子王徽之住在山阴县的时候，有一晚下大雪，他睡醒了，打开房门，拿酒来喝；眺望四方，一片皎洁，于是起身徘徊，朗诵左思的《招隐》诗，忽然想起老友戴安道。当时戴安道住在剡县。王徽之立马连夜坐小船到戴家去。船行了一夜才到，到了戴家门口，王徽之没有进去，原路返回。别人问他什么原因，王徽之说："吾本乘兴而行，兴尽而返，何必见戴？"

更有记奇闻逸事的：阮氏一族的人都很能喝酒。一天，阮咸来到族人中聚会。大家不再用普通的杯子倒酒喝，换用大酒瓮装酒，众人围成一个圆圈，面对面大喝一通。当时有一群猪也挤进来喝酒。他们就把上面那层被猪喝过的酒撇掉，又一起喝起来。

今天我们常说"魏晋风流"，正可以从《世说新语》中得到鲜活的体认。胸襟洒落，宠辱皆忘，识量清远，放浪形骸……皆是魏晋风流名士的特征。

今人看微博，没有隔阂感。但看魏晋"微博"时，因为当时的人、事距今太远，如果没有注解，《世说新语》的不少故事就会不甚了了，难以读懂。

还好，《世说新语》问世后不到百年，南朝梁刘孝标为之作注，所引经史杂著400多种、诗赋杂文70余种，史料补缺的主旨非常明显。

比如，《世说新语》中有这么一则故事，有人问顾恺之：您写的《筝赋》跟嵇康的《琴赋》比，哪一篇更好？顾恺之说：不会鉴赏的人认为我的文章后出就遗弃它，鉴赏力强的人则会因为它高妙新奇而推许我。

从这个回答可以看出顾恺之对自己的文章和才华很自信，毫不谦虚。为了补充证明这一点，刘孝标连引三条史料。第三条引《续晋阳秋》最有意思：顾恺之喜欢吟咏诗歌。他与谢瞻的官署相连，每当二人一起值班，顾恺之就在夜里站在月光下长吟诗篇。谢瞻远远地在一旁赞叹。顾恺之于是更加卖力地吟咏，忘了疲倦。谢瞻想睡觉，就叫人代替自己站着。顾恺之不觉有异，一直吟咏到天亮。

对于《世说新语》注，《四库全书总目提要》说："所引诸书，今已佚其十之九，惟赖是注以传。故与裴松之《三国志注》、郦道元《水经注》、李善《文选注》，同为考证家所据焉。"四大名著大家都很熟悉，而这四种注，也可称得上"四大名注"。这是题外话了。

小贴士

目前流行的《世说新语》注释本有余嘉锡《世说新语笺疏》、杨勇《世说新语校笺》、徐震堮《世说新语校笺》、龚斌《世说新语校释》,各有特色。尤其是《世说新语笺疏》,其重点不在解释文字,而在考证史实,对原书和刘孝标注所说的人物事迹,一一寻检史籍,考核异同,对原书不备的,略为增补,以广异闻;对不通情理的,有所评论,以明是非。这与刘孝标注和裴松之注的做法如出一辙,可谓古籍注释领域的"修旧如旧"。

在山的那边海的那边

集部琳琅（一）

穿着废弃布料的九尾狐，时时操心子女的生存；在写字楼办公的伏羲，一边管理企业、一边观星测天气；大禹与精卫依然从事水利事业，一个治水、一个填海……几年前，英国导演里奇·鲁斯克把《山海经》搬上了舞台，让这部古籍和现代生活来了一次碰撞。

与《封神演义》被数次改编相比，同为中国神话大IP的《山海经》，则很少被改编和影像化，皆因这部书的内容可谓包罗万象，从山川地理、植物、医药、矿产，到神话、人物、方国、祭祀、风俗，堪称研究上古时期社会历史的宝库。其中的人物，像夸父、精卫、西王母等，后来都成为重要的"神人"。小说《镜花缘》里的君子国等创意，也是源于《山海经》。

全书主要结构有《山经》5卷、《海经》13卷。前者记述山川地理、矿产草木、鸟兽虫鱼、鬼怪禁忌、祭祀习俗等，后者则以远近方国为经纬，记述神话人物、传说故事。人们看到书名，往往理解成山与海，其实，这里的"山海"泛指边远之地。

《山海经》的经，并非经典的意思，学者们认为有经历之义。毕竟，书中记载的山川河流无法完全凭空杜撰，得有亲身经历为依据。因此，很多人相信《山海经》是大禹治水遍历九州之后所作。现代学者江绍原甚至认为《山海经》是古代旅行家的指南。

值得一提的是，《山海经》最初是有图的，尤其《海经》，纯粹是图画的解说。比如"两手各操一鱼""两手操鸟，方食其头"等话，无疑是图片说明。

不知什么时候，《山海经》的图都遗失了。魏晋时有人补画了《山海图》，陶渊明看了之后，写了13首《读〈山海经〉》诗。第一首说："泛览周王传，流观山海图。俯仰终宇宙，不乐复何如。"他看到的毕竟不是"原装"；第二首说道："玉台凌霞秀，王母怡妙颜。"认为西王母很好看。但实际上，《山海经》里的西王母有着一副"蓬发虎颜"的可怖尊容。

由于《山海经》解读不易，所载山川名物大多已不可确知，所以历来为学者视为怪诞之书。

比如，论奇特的国家，有"吐纳炎精，火随气烈"的厌火国，"双肱三尺，体如中人"的长臂国，"因风构思，制为飞轮"的奇肱国，"乃娠乃字，生男则死"的女子国……

论诡谲的精怪，有"经营二海，矫翼闲霄"的鳐鱼，"乃衔木石，以堙波海"的精卫，"体若垂云，肉盈千钧"的夔（kuí）牛，"脐口乳目，仍挥干戚"的刑天……

论神异的植物，有"食之灵化，荣名仙录"的櫾木，"帝女所化，其理难思"的䔄（yáo）草，"竦枝千里，上干云天"的寻木,"匪植匪艺,自然灵播"的木禾……

到底有没有这些光怪陆离的国家和物种?读者应该都是云里雾里的。因此,《山海经》历来不受读书人的重视。西汉学者刘歆在秘阁校书时,勘定《山海经》为18卷,认为"可以考祯祥变怪之物,见远国异人之遥俗""博物之君子,其可不惑焉",评价不低。然而即便是喜言灾异、迷信谶纬的汉代人,也很少问津此书。

到东晋,学者郭璞才为之作注,说:"非天下之至通,难与言山海之义矣。呜呼,达观博物之客,其鉴之哉!"也许是"达观博物"的学者太少吧,此后1000多年,仍然鲜有人涉足此书。直到明代,才有王崇庆《山海经释义》、杨慎《山海经补注》两书的问世。

清代考据学大盛,《山海经》受到重视,出现了一批研究专著,最好的一部当数山东栖霞郝懿行的《山海经笺疏》。该书订正了原书、注解中的很多错误,并广征博引,对一些难懂的名物做出合理解释。

比如,《海外南经》里记有"周饶国"这一国家,什么是"周饶"呢?郝懿行说:"周饶"就是侏儒的意思。《三国志·魏志·东夷传》里记载说,侏儒国的人只有三四尺高。同时,开列《初学记》《史记正义》《竹书纪年》《说文解字》《淮南子》《列子》《太平御览》等古籍中相似的记载,以证明这样的小人国在中国古籍中频频出现。

郝懿行值得多说两句。他为人谦逊，除了读书治学，别无嗜好，曾说："少年居家，以读书为孝爱；出仕做官，以读书为忠勤；修身以读书为卓德，立名以读书为奇勋。"所得俸禄，大多用于买书。晚年贫病交加，仍典当衣物买书。他的妻子王照圆也博览群书，深通经史。夫妻常诗词唱和，一起切磋学问，时人有"高邮王父子，栖霞郝夫妇"之赞誉。要知道，江苏高邮的王念孙、王引之父子精通训诂，是乾嘉学派的代表。能和这二位并称，就知道郝懿行夫妇的学问之大了，更增加了《山海经笺疏》的重要性。

今天研究《山海经》，有一种猎奇夸大的倾向，比如宣称书中涉及的地理范围，东到太平洋、南至南海、西至中亚、北至西伯利亚，甚至还有说《东山经》记载的是今天美国的西部地区。这种炫目的考证，没有切实依据。《山海经》里的神话传说、奇山异水，固然有现实根据，但若光有"大胆的假设"而没有"小心的求证"，只能称为天方夜谭。

小贴士

袁珂《山海经校注》是新中国成立后出版的第一部《山海经》研究著作，征引文献相当丰富，对前人的研究成果多有借鉴，既是现代《山海经》研究的基础，也是初学者之津梁。刘滴川《山海经校诠》编纂了近18万字的《山海经万物纲目》及11款《山海经寰宇全图》，引导读者以更加全面、轻松、与时俱进的方式重读《山海经》。马昌仪《古本山海经图说》则从诸多古本山海经图中，精选出富有价值的古图并撰写图说。此外，还可以参看方韬译注的《山海经》。

来自第一位诗人的忧愁

集部琳琅（二）

"屈子当年赋楚骚，手中握有杀人刀。艾萧太盛椒兰少，一跃冲向万里涛。"这首《七绝·屈原》的作者是毛泽东。

1972年，毛泽东在中南海会见来访的日本首相田中角荣。会见结束后，将一部《楚辞集注》作为礼物，赠送给田中角荣。在国礼名单上，历代诗人都不曾享此殊荣。

作为先秦文学作品的双峰，《诗经》和《楚辞》在中国文学史上都产生过极其深远的影响。但是《楚辞》没有《诗经》那样普遍的权威，没有什么政治家或者传道者拿它的文句作为宣传或箴谏的工具，也没有什么人在日常对话中拿它作为引子。

但塞翁失马，焉知非福。《诗经》因为广受重视，经过一代代儒者盲目的崇敬和添油加醋的训释，被捧上道德圣坛。人们只想从它里面得到训诫，而忘记了它原本是一部文学作品。《楚辞》则幸运地保留了本真，没有经过孔子的"删订"，没有被添加上"美这个、刺那个"的陈词滥调。

从地域上看，《诗经》选录的都是北方诗歌，《楚辞》选录的则都是南方诗歌。今本《楚辞》包括了屈原《离骚》《九歌》《天问》《九章》《远游》《卜居》《渔夫》等25篇作品，以及宋玉、唐勒等后人模拟的作品。全书除去几篇其他作家的作品，简直就可称为"屈原集"了。

《诗经》里的诗歌，几乎都是无名作者所作，因此，屈原可以说是中国第一位诗人了。"屈原是很久以前的诗人，但也是属于未来的诗人，他用诗歌来表明自己的心迹，表达自己的真情。"苏联汉学家费德林认为，"在《诗经》的无名作者之后，中国文学史上首屈一指的该是屈原了，他是第一位有创作个性的诗人。"

在中国古代作家中，屈原的作品很早就传播到海外了。17—18世纪就有西方传教士以拉丁文翻译了《楚辞》。1815年，歌德注意到了《楚辞》，尝试翻译《楚辞》中的名篇《离骚》。

同为文学家，歌德的尝试说明，《楚辞》，特别是《离骚》的艺术价值是贯通中西的。《离骚》是屈原最伟大的作品，这两个字的意思是"遭遇忧愁"。

在《离骚》中，屈原的文学天赋发挥到极致。诗人驾驭飞龙瑶象，驱使凤凰鸾鸟，忽而上叩天阍（hūn），忽而远至扶桑，或向宓（fú）妃求爱，或对巫咸陈词；打通了自然界和人世间，将历史人物、自然植物，用华丽的想象力融冶在彷徨幽苦的情绪之下，抒写自己与天地同久的忠贞和世间难容的苦闷。

无论是羲和、望舒、飞廉、宓妃等传奇人物，还是咸池、扶桑、穷石、洧（wěi）盘等神话地名，抑或是鸾凤、飘风、云霓、如鸠等禽鸟与自然现象，屈原都信手拈来，汇集一处。读来不但不觉得繁复可厌，反而觉得新奇有趣，仿佛在品读一段美丽的烟霞锦幛，不知不觉被带入他的想象王国，与他同游。这种艺术手段是很高超的。

读《楚辞》者的境界有高下之分。南朝文学批评家刘勰在《文心雕龙》中说：才高者佩服《楚辞》的宏远编裁，贪巧的人猎取艳丽的辞藻，吟咏者衔取山川的描写，小孩子就拾取些香草之类的描写。意思是，读者如果仅仅从《楚辞》里看到艳辞、山川、香草的奇异，那只能说舍本逐末了。胡适就认为只有推翻屈原的传说，才能推翻《楚辞》作为"一部忠臣教科书"的不幸历史，才可以"从《楚辞》本身上去寻出它的文学兴味来，然后《楚辞》的文学价值可以有恢复的希望"。

其实，《楚辞》之本就在于其表现出来的正直和质实，那是屈原崇高的精神境界和高尚的人文情怀所凝聚而成的，这才是《楚辞》真正的艺术生命力。梁启超认为，屈原的自杀使他的人格和作品更加光耀，这是屈原作品思想价值和精神价值的根源。

在遭到不公正待遇的时候，有人劝屈原离开楚国。凭他的才华和声望，列国君王都求之不得。诸侯争雄的战国时代，人才的流动具有天然的合理性。许多有识之士在本国得不到重用，便去其他国家谋发展。朝秦暮楚是当时人才市场的一大特色。

耿耿丹心的屈原却是"去国不忍"。报国未遂，远离楚宫，仍"眷顾楚国，系心怀王"，不愿离开生他养他的故土。屈原的伟大，在于他可以出走而坚决不走。"鸟飞返故乡，狐死必首丘"的爱国情怀，他一生秉持。

《楚辞》的文字不好读懂，需要看注释，主要有三个。一个是东汉王逸的《楚辞章句》。一个是两宋之交洪兴祖的《楚辞补注》，补谁的注？补王逸的。再一个是南宋朱熹的《楚辞集注》。王逸的注偏重名物训诂，就是解释字词。洪兴祖的补注也着眼于此。他们对《楚辞》中的草木鸟兽、神话传说做了详尽的注释，旁征博引，寻根探本，成就斐然。

朱熹基本上采用了他们的注释成果，但把文字大大地简化了。比如对《离骚》中"纫秋兰以为佩"这一句，洪兴祖引用了司马相如的赋、颜师古的注、《本草》注、《水经》、《诗经》疏、《文选》注、《荀子》、刘次庄《乐府集》、黄庭坚《兰说》等大量文本，多达600多字，只解释了一个"兰"字。而朱熹的注只是说："兰，亦香草，至秋乃芳。"然后引了一段《本草》，字数不到洪兴祖补注的1/10，言简意赅，读起来又清楚又省时。当然，朱熹最下功夫的地方是对作品思想内容和艺术技巧的分析，往往能把《楚辞》文学特色说得很到位，有利于读者的理解。

小贴士

董楚平的《楚辞译注》,每篇都有原文、题解、白话翻译和注释。注释择善而从,尽可能吸收古今学者的研究成果,间或也有作者的见解,适合大众阅读。此外,还可以参看林家骊译注的《楚辞》、汤炳正等人的《楚辞今注》。选本方面可以参看马茂元的《楚辞选》,注释精当,分析深入浅出,有较强可读性。

是妖孽还是文宗？

集部琳琅（三）

天下惟庸书无咎无誉。

1917年，新文化运动急先锋钱玄同在《新青年》上发表文章，提出了两个震惊文坛的词语——桐城谬种、选学妖孽。前者指的是桐城派，后者指的是《文选》学。

文章说："打开《文选》看，这种拙劣恶滥的文章，触目皆是。直至现在，还有一种妄人说，文章应该照这样做，《文选》文章为千古之正宗。这是第一种弄坏白话文的文妖。"

能成为新文化运动的攻击对象，《文选》在古代文学史上的地位可见一斑。至于到底是不是充斥拙劣的文章，是不是千古正宗，答案在每个读者的心中。可以肯定的是，作为古代文学文献的代表，《文选》的价值是不能轻易否定的。

南朝梁昭明太子萧统主编的《文选》，是一部囊括诗赋、骈文、散文等文体在内的很有影响的文学总集，又叫《昭明文选》。

萧统读书时一目数行，过目不忘。每逢游宴盛会，作诗可赋至十数韵。有时梁武帝让他作诗，他总是稍加思考便能作出，而且不用修改。当时东宫差不多有3万多卷书，知名才子都云集在萧统门下，文学创作一片繁荣，出现了自晋、宋以来从未有过的盛况。《文选》就是在这样的环境中编选出来的。

这部诗文总集仅用了30卷的篇幅，就包罗了先秦至梁代初期130多位作家的700多篇作品，反映了各种文体发展的情况，为后人研究这七八百年的文学史保存了重要资料。

唐代崇尚文学，以诗赋取士，《文选》成为士子举子必读的文学范本，《文选》成为一种专门之学。当时有"《文选》烂，秀才半"的说法，意思是把《文选》读到烂熟，就相当于半个秀才了。

读《文选》，不可不参照古人的注解，唐代有两个注本，值得关注。一个是李善的《文选注》，一个是《文选》的"五臣"注。五臣是指吕延济、刘良、张铣、吕向、李周翰五人。

李善知识渊博，被誉为"书簏"，就是书箱的意思。他注释《文选》，用力甚勤，征引书籍将近1700种。其中大量古籍已经亡佚，借李善的引用才得以保存下来一部分。

古代文学作品喜欢运用典故，汉代以后尤其如此。如果读者不知某句某词出自何处，就难以理解作品的意思。李善的《文选注》就在注明典故、引证史事上颇下功夫。

比如，《文选》里选了曹植的《洛神赋》，其中有言："感交甫之弃言兮，怅犹豫而狐疑。"后半句好理解，是说感觉既惆怅又怀疑。那为什么会有这种感受呢？前半句里"交甫"的意思就很关键了。李善注说：《神仙传》里说，有个叫郑交甫的人，在汉江游玩时,遇到两位美貌的仙女,于是就跑去搭讪。仙女给了他一块随身玉佩。可郑交甫刚走了几步,一摸怀里的玉佩,竟然不见了,回头去找两位仙女,也找不到踪影。原来郑交甫被仙女戏耍了。曹植在这里引用郑交甫的典故,正是用来说明,洛神送给自己玉佩时,自己之所以感到犹豫狐疑,是因为怕和郑交甫一样被戏耍。

诗文用典,是利用最少的文字投入,以实现表达效果最大化。用典用得好,能在很短的篇幅里构筑出深远的想象空间。刘勰《文心雕龙》里有《事类》篇来专门论述这一问题。他说:"事类者,盖文章之外,据事以类义,援古以证今者也。"因此,对于注释诗词歌赋来说,解释事典是主要矛盾,只要注明了典故和史实,一般情况下文字就比较容易理解了。

对这两个注本的优劣,很多学者做过比较,比较公认的是,李善征引多解释少,五臣则解释多征引少。李善之所以如此,是有意为之:一来典故标注明白了,读者自然能意会;再一个容易懂的字词不用注解。五臣不然,逢文便注,生怕读者不懂,虽然通俗,但太浅薄了些。比如扬雄《长杨赋》里的这一句"于是圣武勃怒,爰整其旅",五臣注解说:"圣武,武帝也。勃然而怒,于此整其军旅也。爰,于也。"原文意思很清楚,五臣不厌其烦,相当于复述了一遍。

另外,李善精通文字学,博览群书。五臣学术水平远不如李善，注解很多都有错误。苏轼就说："李善注《文选》，本末详备，极可喜。所谓五臣者，真俚儒之荒陋者也，而世以为胜善，亦谬矣。"南宋学者洪迈也认为五臣是"狂妄注书，所谓小儿强解事也"。

《四库全书总目提要》评价说：虽然五臣注有很多不足，但其疏通文意，也有可采之处。唐代人的著述，传世很少，不必废之。既指出五臣注的弱点，又恰当地肯定了其亦有可取之处，堪称公允之论。

我们今天看这两个注本，李善注典雅高端，五臣注通俗浅近，各有所长。前者注重科学性，后者注重通俗性，两者各有所偏，若能合二为一，岂不善哉？确实合起来了，南宋以来形成的《六臣注文选》就是以李善注为主，五臣注为辅。《文选》至此双剑合璧，其文学价值得到了最大化凸显。

小贴士

张启成等译注的《文选》，采取分段注译的方式，据文意对原文做了分段，注释和翻译置于各段之后，以免注释和翻译离原文太远，不便阅读；对原文中难读难懂的字词做了注音释义，对原文涉及的语源典故、典章制度等也做了注释；翻译风格以直译为主，诗赋的翻译为保持韵文的特点，也努力译为韵文。此外，读者还可以参看《昭明文选译注》《顾随讲〈昭明文选〉》。

小文章有大乾坤

集部琳琅（四）

汉光武帝刘秀的同学严光，是个高洁的隐士。范仲淹在浙江桐庐做地方官时，因为敬佩严光的为人，修建了严先生祠堂，并为之作了一篇文章，最后说道："云山苍苍，江水泱泱。先生之德，山高水长。"写完之后拿给一位叫李泰伯的人看。

李泰伯说：这文章肯定会成为名作，我想冒昧地改一个字。范仲淹不安地搓手请教。李泰伯道："云山""江水"这些话，在意义上非常大，用"德"字承接不住，换作"风"字如何？这么一改，就变成了"云山苍苍，江水泱泱。先生之风，山高水长。"范仲淹一听佩服得很，差点就下跪拜师了。

这个一字之师的故事，出自《容斋随笔》。这是一部以考证辨析古书为主而兼记事、议论的笔记，包括《随笔》《续笔》《三笔》《四笔》《五笔》共74卷，后人用《容斋随笔》作为总称。

笔记这种写作体裁，最早出现在魏晋南北朝时期，多讲些神鬼故事；到了唐代加入了很多人的故事、现实生活的成分，荒诞色彩大减；到了宋代，笔记的考证味道占据了主流。《容斋随笔》就是代表之一。

像"一字之师""徙木立信"这种小故事，难以推衍成大块文章，写成笔记最合适。古人读书有所收获，有所发现，就记下来。日积月累，规模也不小。因为都是平时思考的吉光片羽，加上并非经史著作、高头讲章，作者往往下笔轻松，读起来自然清丽可人。值得一提的是，笔记文章一般都篇幅短小，三五百字一章，七八百字一篇，适合当下的碎片化阅读。

《容斋随笔》的作者洪迈（1123—1202）从小就博览群书，过目不忘。在中央做过官，赴地方上过任，外交也干过，国史也修过，是位经历丰富、学识广博、思维活跃的读书人。他在《容斋随笔》自序中说：我老了，也懒了，读书不多，想到什么就记下来，无所谓先后顺序，所以叫《随笔》。

怎么个随笔法儿呢？比如洪迈在读书时发现，一个知名的好做法往往并非首创，而是有所本。以大家都熟悉的商鞅徙木立信的故事为例，其实商鞅也是从别人那里学来的。吴起在魏国的西河为官时，想取信于民，在南门外立起一根木柱，发布命令说：如果有人能推倒木柱，就让他当大官。百姓互相议论，认为是假的。有一个人抱着试试看的念头，推倒了木柱，吴起便任命他为上大夫。从此之后，百姓就信服了吴起的赏罚。商鞅本来是魏国人，对这个故事不会不熟悉，于是，就有了他悬赏搬木头的"盗版"做法。

这种有意思的考证很多。因此，《随笔》写成16卷后，被人刊刻出来，传播很广，以至于传入皇宫。宋孝宗看了赞叹道：真有好的议论啊。得到皇帝认可，洪迈就《续笔》《三笔》《四笔》《五笔》这么写了下去。写作态度仍然是如他所说：就是在闲暇寂寞之际，捉笔为文，随着兴趣写哪儿算哪儿，意思到了就行，自己开心就好。

可以说，洪迈写《随笔》一直秉持这种"不给自己压力"的原则，越老写得反而越快。第一部《随笔》写了足足18年，《续笔》用了13年，《三笔》5年就完成了，《四笔》连1年都没用完。《五笔》没有结束，写到第10卷，洪迈就去世了。

《四库全书总目提要》评价此书："其中自经史诸子百家，以及医卜星算之属，凡意有所得，即随手札记，辩证考据，颇为精确。"给出了"南宋说部，以此为首"的评价。

洪迈的考证很接地气，比如他很关注日常用语的含义问题。他发现，有一些古代词语，后世因不常用而产生误解，对此便多加留意考证。

在"宁馨阿堵"条中，洪迈说："宁馨""阿堵"是晋宋时期语言中的语助词，后人只看到王衍指着钱说：把阿堵物拿开。又看到山涛见到王衍时说：什么样的老妇人生了宁馨儿！今天便认为阿堵是钱，宁馨儿是好儿子的意思。其实完全不是这样。宋废帝的母亲王太后病得很重，宋废帝不去看望，太后生气地对侍者说：拿刀来剖开我的肚子，它怎么会生出宁馨儿！由此可知，"宁馨儿"怎么能是好词呢？还有，顾恺之画人物，不点眼珠，说：

"传神写照正在阿堵中。"可见阿堵就是"此处"的意思,哪里有"钱"的意思?今天江浙人的语言中还多有用"宁馨"这个词来表示发问的,好比说"如何"。

就这样,通过精练地列举文献中的事例,并结合现实生活,洪迈找出了"宁馨""阿堵"的本义。

《容斋随笔》的趣味性、知识性很足。我们今天常用"东道主"指代款待宾客的主人,洪迈不仅告诉读者这词的来历,还介绍了一种鲜为人知的"北道主"的说法。

那是春秋时期,秦、晋两国军队包围了郑国国都。郑人烛之武游说秦穆公,说何不放过郑国,让它作为东道主呢。因为郑国在秦国的东边,所以这样说。今天之所以称主人为东道主,就是这个原因。

其实还有一种"北道主人"的说法,洪迈发现,《后汉书》记载过三次。第一,常山太守邓晨在巨鹿跟汉光武帝会合,请求跟他一起去攻打邯郸。汉光武帝说:你用你这一身来跟从我,不如以一郡做我的北道主人。第二,汉光武帝到蓟,打算回南方,他的心腹官员都同意,只有耿弇(yǎn)认为不能这样做。汉光武帝指着耿弇说:这就是我的北道主人。第三,彭宠将反叛,汉光武帝问朱浮为什么会这样。朱浮说:大王曾倚重彭宠作为北道主人,现在既然不是这样,所以他失望了。当然"北道主人"的说法没能流传开来,后人很少引用。

《容斋随笔》的今人译注本,可以参看张仲裁译注的《容斋随笔》、罗积勇译注的《容斋随笔选译》。后者选译了56篇,涉及辨析古籍、考证语言、厘定典故、记录事实、评议文史等方面,均为《容斋随笔》的精华。

进击的乡村教师

集部琳琅（五）

巴金回顾一生创作道路时说，有一部古籍中的文章可算是终生难忘之启蒙导师，"我后来写了20本散文，跟这个启蒙先生很有关系"。

现代语言学大师王力说，学习古代汉语，有一部书值得读。他的名著《古代汉语常用字字典》中，例文、引文大多来自这本书。

鲁迅先生说："它和《昭明文选》一样，在文学上的影响，两者都一样的不可轻视。"

这些文章大家如此看重的书，就是《古文观止》。

《古文观止》是清康熙年间吴楚材、吴调侯编选的古文读本，共12卷，收录自先秦至明末3000多年间的散文222篇，题材涉及史传、策论、游记、书信、笔记等，基本上反映了中国古代散文发展的脉络与特点，体现了中国古代散文所取得的最高成就。

吴楚材、吴调侯二人是叔侄关系，浙江绍兴人，一起在家乡"课业子弟"。《古文观止》就是他们教弟子诵读古文的讲义。由于入选作品题材广泛、代表性强，语言简洁易明，篇幅短小，言辞优美，非常适合文言文初学者。《古文观止》一经出版便非常流行，成为文言文教学的经典教材。"观止"就是好到极致的意思，也就是说，书里所选的就是人们所能看到的最好的、尽善尽美的文章了。

中国古代散文传统源远流长，各种诗文选本层出不穷，如《昭明文选》《文苑英华》《唐文粹》《宋文鉴》《元文类》《明文衡》……不乏成百上千卷的规模。《古文观止》只有区区12卷，但其知名度远超上述大部头，只有《文选》可与之抗衡。

鲁迅先生说："以《古文观止》和《文选》并称，初看好像是可笑的，但是，在文学上的影响，两者却一样不可轻视。凡选本，往往能比所选各家的全集更流行、更有作用，册数不多而包罗诸作，固然也是一种原因，但还在近则由选者之名位，远则凭古人之威灵，读者想从一个有名的选家窥见许多有名作家的作品。"

"选者之名位"，吴氏叔侄远谈不上，他们都是无缘仕途的普通读书人。那么，其书能脱颖而出，全凭"古人之威灵"——以不大的篇幅包罗很多名家的作品。

文章选集的质量如何、水平高低，体现在选择上。《古文观止》选得确实好，眼光独到，有三大突破。

第一个突破，是突破了权威的束缚，文章既有意义又有意思才会入选，不因地位而定。

比如先秦部分，吴氏叔侄放弃佶屈聱牙的《尚书》，直接从相对容易理解、善于讲故事的《左传》开始，不会一上来就给读者一个下马威，拒读者于千里之外，而是引起读者阅读的兴趣。具体来说，《左传》选文有《曹刿论战》《宫之奇谏假道》《烛之武退秦师》等，都是脍炙人口、言简意赅的名篇。

接下来，同样的类型，还有《战国策》里的《冯谖客孟尝君》《触龙说赵太后》《唐雎不辱使命》，《史记》里的《太史公自序》，贾谊的《过秦论》，诸葛亮的《出师表》，李密的《陈情表》，王羲之的《兰亭集序》，陶渊明的《归去来兮辞》《桃花源记》，韩愈的《原道》《师说》，柳宗元的《捕蛇者说》，范仲淹的《岳阳楼记》，欧阳修的《醉翁亭记》，苏轼的《赤壁赋》《后赤壁赋》……都是千古传诵的公认的佳作。

第二个突破，是突破了骈散之分的束缚。韩愈领导了古文运动之后，骈体文的地位江河日下，逐渐让出主流文体的地位，到吴氏叔侄编书时仍未有起色。但《古文观止》不为流行趋势所左右，不光选散体古文，对于经典的骈体古文也没有忽略，可谓骈散并重，只要写得好，不管文体是什么，都收入囊中。

比如，《古文观止》中选录的骈体文有孔稚珪的《北山移文》、骆宾王的《为徐敬业讨武曌檄》、王勃的《滕王阁序》、刘禹锡的《陋室铭》、杜牧的《阿房宫赋》，都是雅俗共赏的妙文。

第三个突破，是突破了以前文选不收经书、史书的传统，收录了《礼记》《左传》《公羊传》《谷梁传》以及《史记》《汉书》

《后汉书》等经部、史部的著作，再次表露出《古文观止》以内容为标准，只看文章好坏、不问英雄出处的遴选态度。至于《三国志》以后的正史文章，《古文观止》不再选择，也是因为前四史之后的正史里确实没什么好文章可选了。这也是读书人所公认的。

虽然也有一些选择不恰当的问题，但大体上说，《古文观止》问世300多年间，能保持盛行不衰，不被其他选本代替，一直是古文启蒙、雅俗共赏的书籍，足见其生命力之旺盛，足见其本身的价值确实不容忽视。所以，别看不起乡村教师，有高人。

小贴士

首先推荐钟基、李先银、王身钢译注的《古文观止》，每篇文章都设置题解（介绍文章背景）、注释（择要注解）、译文（整段翻译）三部分，帮助读者理解，可谓眉目清晰，要言不烦。此外，还可以参看阴法鲁主编的《古文观止译注》、谢冰莹等人的《新译古文观止》。

跋　两千年来谁荐书

随着电子化阅读迅速上位，我们可以看到的书，海了去了。

下载一个读书软件，"上穷碧落下黄泉"，什么书都能看到。过去，惠施拉着五车竹简，就能让世人艳羡；而今，随便一部智能手机就能秒杀古时任何一位藏书家。

但是，书少有书少的烦恼，书多也有书多的困惑。书海无涯，读什么书？如果有明确的目的，那倒好办。做会计的看会计书，写作文的看作文书，搞金融的看金融书，研究白居易的看白居易的书。不过，这不是读书，而是查书。

张之洞说："（读书）泛滥无归，终身无得。得门而入，事半功倍……此事宜有师承。然师岂易得？书及师也。"（《輶（yóu）轩语·语学》）

过去，一代代读书人，买书藏书，校书荐书。荐书成果，撰为目录，就是一份精致的荐书单。如《四库全书总目提要》，张之洞力荐，"读一过，即略知学术门径矣"。

漫漫两千年目录史，从另一个角度看，其实就是一个从官方荐书，到私人荐书，再到现在和将来的大众荐书的发展过程。

把西汉国家图书馆的书读一遍

刘向可能是史上最幸运的读书人了。

西汉两次大规模整理国家藏书,刘向赶上了第二次。汉成帝时派谒者陈农求遗书于天下,并命光禄大夫刘向带着儿子刘歆整理皇家图书。

那么皇帝老儿家有多少书呢?按照《汉书·艺文志》记载,一共有一万三千卷。我们常说读万卷书,就相当于把西汉国家图书馆的书读一遍。

之所以说刘向幸运,是因为他当时看到的书,今天百不存一。

隋朝人牛弘总结书有"五厄":始皇焚书、王莽之乱、董卓之乱、八王之乱、侯景之乱,每次变乱,都给官方藏书、给文化造成毁灭性打击。后来,明人胡应麟又提出续"五厄",近人祝文白再续"五厄"。

连番厄运之后,历史上的很多声音就此熄灭,很多人物事迹就此湮没无闻。还好,我们有目录。而刘向称得上目录祖师爷、荐书第一人。

如果说柳永是奉旨填词,那么刘向就是奉旨读书。坐拥兰台万卷,刘氏父子应该很开心。他们的工作是校书、读书,然后把读过的书的梗概写下来,品评价值,是为提要;加以分类,集纳成目录，刘向的叫作《别录》，刘歆的叫作《七略》。儿子的书是爸爸的书的节选。

时光流逝，书厄几重，这两本目录也都看不到了。

幸运的是，班固是个懒人，他写《汉书》的时候，辟有专门篇章记载当代图书大全，正好手边有《七略》，就奉行拿来主义了，内容大体全依刘歆，删繁就简，改名为《汉书·艺文志》（简称《汉志》）。

《汉志》在手，可以说，汉代及以前的学术脉络，当时人的兴趣所在，我们就能窥探一二了。

不见古人之面，而见古人之心

古代图书分类，后期是四分法，即经史子集，代表是《四库全书》。前期，也就是汉代及以后一段时间是七分法，《汉志》秉承了这个分类，而从今天来看，其实是两大类。

第一，以保存和阐扬诗书礼乐传统为职责的儒家文化，是为六艺、诸子、诗赋；第二，以数术方技之学为核心的实用技术文化，是为兵书、数术、方技。前三种是"文学"——人文之学，后三种统称"方术"，合起来就是我们熟悉的"学术"。

从《汉志》可以看出，我们曾经很熟悉"赛先生"。兵书、数术、方技之中，充斥古代的高科技，显现出时人认识世界、改造世界的冲动。

望气、风角、式法……虽然今天看来其中内容大多荒诞不经、迷信愚昧，但是沙里淘金，没有这些沙子，哪有传统文化的金子生成？

《汉志》起点很高，总结书旨，归纳源流。后来唐代开元年间，食象亭十八学士之一毋煚（jiǒng）参与整理国家藏书，形象地阐述了目录的读书指南效用。

他在《古今书录序》中说，没有目录作为指导，读书人就好像孤舟泛海，弱羽飞天，衔石填海，倚杖追日，"不亦劳乎？不亦弊乎？"有了好目录，好比手拿平板电脑，"将使书千帙于掌眸，批万函于年祀……不见古人之面，而见古人之心"。

1000多年后，张之洞也有类似识见：好目录能"令初学者易买易读，不致迷惘眩惑。寡陋者当思扩其见闻，泛滥者当知学有流别"。

因此，目录虽不是为了荐书，但它客观上具有荐书的功能，就好像一串钥匙，每一把钥匙都对应一门学问。好的目录能让读者知道哪把钥匙能开哪扇门，门里有什么东西。如果给目录学打广告的话，广告词可以这么写："我们不生产学术，我们只做学术的搬运工。"

社会精英替读者读书、选书

宋代之前,整理、推荐书目基本上都是官方行为。随着印刷术的推广和社会崇文风尚的兴起,民间有条件的士人开始编撰私家目录。私人荐书渐趋流行。

宋朝出了两位荐书名人,晁公武和陈振孙。他俩的共同之处,首先是藏书多、读书多。

晁公武家里藏书二万四千多卷,是西汉国家藏书的两倍多,清代江南著名藏书家丁丙的藏书楼才叫八千卷楼。而陈振孙藏书冠甲江南,多达五万多卷。

关键是,他们不是把书当装饰,而是真读、精读,然后写提要,品评价值。所荐之书,颇多佳作。

晁公武的"荐书单"叫作《郡斋读书志》,是我国现存最早的解题式私家目录,通常只用一二十字至百余字,就能简明扼要地揭示出一部书的大致内容。比如名字怪怪的《八五经》是本什么样的书?"'八五',谓八卦、五行,虽后人依托者,而其辞亦训雅。相墓书也。"

市面上的书龙蛇混杂,真伪难辨。读者最怕买到假冒伪劣产品。晁公武、陈振孙的意见就颇有代读者选书的作用了。

比如,晁公武说《春秋会义》这本书,"虽其说不皆得圣人之旨,然使后人博观古今异同之说,则于圣人之旨,或有得焉。"既指出不足，又点明可观处，有助于读者取舍。

陈振孙的"荐书单"叫作《直斋书录解题》，其中评《韩文公历官记》"颇疏略"，说里面的史事错得很离谱。有这样的评价，我们对这本书后来的亡佚，也就不用惋惜了。

古今中外，都有不良书商，假托名家攒些不着四六的书骗钱。晁公武对这样的书毫不客气。《冷斋夜话》"皆依托也"，《天机子》"托之孔明也"，《绎圣传》"解经不甚通"，等等。

当然，对于真正有价值的书，他们也不吝赞誉。晁公武评《潜夫论》，介绍作者王符，"在和、安之世，耿介不同于俗，遂不得进，隐居著书三十六篇，以讥当时失得。"推荐之意，溢于言表。

总之，他们的荐书，或述著者经历，或论书中要旨，或列不同学说，或辨真伪错讹，使读者览录而知旨，省却个人探讨之苦。自己走错的路，提醒别人不要重蹈覆辙。

著名作家孙犁晚年翻阅了大量古籍，他说："近三十年，我倾心古籍，因之注意书目一类书籍，所藏甚多，且多已浏览，虽各有所长，然或多于考订，或流于琐碎，即如有名之作，与此书（《直斋书录解题》）比较，立见彼书之绌。同是一书，此书所注简明精要，语无虚发，每书必及其时代，述其源流，称其作用。读完注解，读者即对此书具有明确印象，真确的定评，一生受用，不会误导。"

互联网+荐书，大家帮助大家

过去的士人很傲娇，把藏书多、读书多当成显示存在感的方式。清代目录学者章学诚嗜书如饭，他的名言是："善吃饭者长精神，不善吃者生疾病。"读书多，自然明白目录的重要性，他用"辨章学术，考镜源流"八个字说尽目录学的一生。

这八个字怎么理解呢？南宋的郑樵在《通志》中说了："人守其学，学守其书，书守其类。人有存殁而学不息，世有变故而书不亡。"

时移世易，目录学也不是一成不变的。传统的目录学对应今天的学问，就是图书馆学，当然，更时髦的叫法是信息管理。

很长一段时期，书店是最能显示目录学存在的地方——帮读者分类、选择，把某本书好的版本挑选出来。

今天，实体书店正在逐渐消亡，而网上书店还承担不了帮读者选择的功能，其荐书大体还很肤浅。比如电商平台上的不少书店，类别混乱不堪。既然不能通过分类让书籍各归其位，那么读者也就没办法得门而入。

可以说，谁为读者选书、荐书，就面临一个真空。而随着新媒体的崛起，将来能给读书人高水平荐书的，恐怕就是读书人自己了，大家帮助大家，进入大众荐书的阶段。

但是，不管谁荐书，要想荐到位，基本原则得向目录学"借枪"：第一，论其指归，辨其讹谬；第二，辨章学术，考镜源流；第三，类例分明，使百家九流，各有条理，究其本末，以见学术源流沿袭，对其他读者来说，才可以明门径、知缓急。

随着信息爆炸时代的到来，这几点价值会愈加珍贵、更加具有现实意义。

把书读成串，社会满书香

大众荐书，听上去很美，但它没有那么强的约束力。网上那么多荐书文章，真正去看原书的又有几人？

以前人读书，动力是为了科举考试。今天为什么要读书？达摩大师从西土来，只是寻一个不受人惑的人。要想不容易被人牵着鼻子走，培养独立思考的精神，多读书是个办法。这应该成为个人读书的基本动力。

真正把书读进去，就会发现不用靠别人荐书了，自己就能知道自己下一本要看什么了。正所谓，书越读越多。道理很简单，每个人的知识面好比一个圆的圆内部分，看的书越多，知识越多，这个圆就越大，而接触的未知领域也就越大，需要读的书也就越多了。

很多人都有这样的感受，看书看着看着就旁逸斜出、开枝散叶了。比如，现在经济学是显学，可自己是门外汉咋办？就先从普及本看起，看《朱镕基讲话实录》，既通俗生动，又高屋建瓴，可以弄明白一项项经济政策的出台背景，还有制度建设的路径选择。

看着看着就会发现，制度的变迁对推动经济发展有重要作用，这时就找本樊纲的《制度改变中国》，看看各项制度是怎么制定出来的。

然后，就想知道他山之石的想法。那就再看看诺贝尔经济学奖得主科斯的《变革中国》，了解一下外国人是怎么分析中国市场经济的制度建设之路的。

然后又好奇，历史上的中国在经济建设方面是如何建章立制的？就翻翻钱穆的《中国经济史》。书很薄，看完不过瘾？就去看历代史书中的货殖传、食货志，以得其详……

这么读下去，自己都能编一本目录了。或者按捺不住表达的欲望，把自己读过的书分享一下。现在的移动社交工具这么发达，看了什么书，觉得它有什么价值，值得读或者不值得读，赞几句、吐槽几句，都可以迅速扩散出去，这就是在帮别人荐书。大家一起荐书，读书的概率就高了，读书的人群就扩大了，整个社会的书香味何愁不浓？

就这样，两千年下来，从国家整理、官方荐书，发展到精英读书、精英荐书，而今已经有条件发展为大众读书、万众荐书了。这个嬗变，值得点赞。读书前景，绝对可期。

图书在版编目 (CIP) 数据

古籍原来这么好看 / 熊建著 . —— 北京：人民日报出版社，2023.2
ISBN 978-7-5115-7650-7

Ⅰ.①古… Ⅱ.①熊… Ⅲ.①古籍—读书方法Ⅳ.① G256.1

中国版本图书馆 CIP 数据核字 (2022) 第 257229 号

书　　名：	古籍原来这么好看
	GUJI YUANLAI ZHEME HAOKAN
作　　者：	熊　建

出 版 人：	刘华新
责任编辑：	毕春月　刘思捷
装帧设计：	金　刚

出版发行：	人民日报出版社
社　　址：	北京金台西路 2 号
邮政编码：	100733
发行热线：	（010）65369509　65369527　65369846　65363528
邮购热线：	（010）65369530　65363527
编辑热线：	（010）65369521
网　　址：	www.peopledailypress.com
经　　销：	新华书店
印　　刷：	北京盛通印刷股份有限公司
法律顾问：	北京科宇律师事务所　（010）83622312

开　　本：	880mm × 1230mm　1/32
字　　数：	156 千字
印　　张：	7.875
版次印次：	2023 年 4 月第 1 版　2023 年 4 月第 1 次印刷

书　　号：	ISBN 978-7-5115-7650-7
定　　价：	58.00 元